EM BUSCA DOS CONTOS PERDIDOS

O SIGNIFICADO DAS FUNÇÕES FEMININAS NOS CONTOS DE PERRAULT

FUNDAÇÃO EDITORA DA UNESP

Presidente do Conselho Curador Herman Jacobus Cornelis Voorwald

Diretor-Presidente José Castilho Marques Neto

Editor-Executivo Jézio Hernani Bomfim Gutierre

Conselho Editorial Acadêmico Alberto Tsuyoshi Ikeda
Célia Aparecida Ferreira Tolentino
Eda Maria Góes
Elisabeth Criscuolo Urbinati
Ildeberto Muniz de Almeida
Luiz Gonzaga Marchezan
Nilson Ghirardello
Paulo César Corrêa Borges
Sérgio Vicente Motta
Vicente Pleitez

Editores-Assistentes Anderson Nobara
Henrique Zanardi
Jorge Pereira Filho

EM BUSCA DOS CONTOS PERDIDOS
O SIGNIFICADO DAS FUNÇÕES FEMININAS NOS CONTOS DE PERRAULT

MARIZA B. T. MENDES

4ª REIMPRESSÃO

editora
unesp

© 1999 Editora UNESP
Direitos de publicação reservados à:
Fundação Editora da UNESP (FEU)
Praça da Sé, 108
01001-900 – São Paulo – SP
Tel.: (0xx11) 3242-7171
Fax: (0xx11) 3242-7172
www.editoraunesp.com.br
www.livrariaunesp.com.br
feu@editora.unesp.br

Dados Internacionais de Catalogação na Publicação (CIP)
(Câmara Brasileira do Livro, SP, Brasil)

Mendes, Mariza B. T.
Em busca dos contos perdidos. O significado das funções femininas nos contos de Perrault/Mariza B. T. Mendes. – São Paulo: Editora UNESP, 2000. – (Prismas/PROPP)

Bibliografia.
ISBN 978-85-7139-286-1

1. Contos de fadas – História e crítica 2. Literatura infantojuvenil – História e crítica 3. Perrault, Charles, 1628-1703 – Personagens – Mulheres I. Título. II. Série.

00-0733   CDD-809.89282

Índice para catálogo sistemático:
1. Literatura infantojuvenil: História e crítica   809.89282

Este livro é publicado pelo
Projeto Edição de Textos de Docentes e Pós-Graduados da UNESP –
Pró-Reitoria de Pós-Graduação e Pesquisa da UNESP (PROPP)/
Fundação Editora da UNESP (FEU)

Editora afiliada:

Asociación de Editoriales Universitarias
de América Latina y el Caribe

ASSOCIAÇÃO BRASILEIRA
DAS EDITORAS UNIVERSITÁRIAS

À memória de meu pai,
Maurílio Bianconcini,
que me iniciou no gosto
pelas narrativas populares.

SUMÁRIO

Prefácio 11

Apresentação 13

Parte I
Do mito ao conto de fada:
o significado das narrativas de origem popular

1 Eram as fadas deusas? 21
A herança social dos ritos e mitos 23
O conto como produto final 25
O mito da Grande Deusa 27

2 Eram as fadas mães? 33
Os arquétipos do mundo feminino 35
Psiquê e o desafio à Grande Mãe 36
Cinderela e os impulsos reprimidos 42

3 Eram as fadas mestras? 47
A moral ingênua e utilitária 49
Os contos nos salões literários 51
Os valores sociais nos contos de fada 54

Parte II
A narrativa popular no século XVII:
os mistérios de Perrault

4 Quem foi Charles Perrault? — 63

Um filho da burguesia — 65

Um homem da corte — 67

Um membro da Academia — 70

5 Quem escreveu os contos de Perrault? — 75

A origem da dúvida — 77

A reação da crítica e do público — 79

As chaves do enigma — 82

6 De onde vêm os contos de Perrault? — 87

O poder feminino nas mãos das fadas — 89

Prêmio e castigo para o sexo feminino — 94

A submissão feminina na sociedade patriarcal — 99

Parte III
Contos da Mamãe Gansa:
a arte da criança e o mundo da mulher

7 Como se estruturam os textos? — 109

Uma estrutura narrativa linear — 110

Uma linguagem artística — 115

Uma moral acoplada — 119

8 Como se caracterizam as personagens? — 123

O feminismo e a feminilidade — 124

Os símbolos do poder feminino — 126

Os estigmas da fragilidade — 129

9 Como se conservam os contos? — 133

O prestígio dos contos de fada — 134

Os textos de Perrault no Brasil — 138

Os contos recuperados — 142

Bibliografia 149
Obras citadas 149
Obras consultadas 150

PREFÁCIO

À guisa de prefácio, quero prestar uma homenagem a Marc Soriano, autor do livro que serviu de base para minhas pesquisas sobre os *Contos da Mamãe Gansa*. Em novembro de 1991, empolgada com seu livro *Les contes de Perrault*: culture savante et traditions populaires, escrevi-lhe e mandei a carta à Editora Gallimard, de Paris, sem saber se ele estava vivo.

Qual não foi minha surpresa ao receber, vinte dias depois, uma resposta, escrita à mão, numa letra estranhamente precária. Tratando-me de "cara jovem colega", ele falava do prazer que lhe proporcionara minha carta, pois amava muito o Brasil e aqui estivera entre 1973 e 1978, em conferências da Aliança Francesa e da Unesco, ocasião em que se sentira emocionado com a acolhida dos brasileiros e encantado com nossas tradições populares: "e que povo! Miserável e generoso. Se eu não fosse francês, gostaria de ser brasileiro, negro se possível".

Sobre minha pesquisa, aconselhava: "Não esqueça que se escreve para o grande público, principalmente quando se trata de contos populares. Faça um esforço para explicar as coisas mais difíceis com palavras simples. E o suspense é próprio da pesquisa científica, os filmes policiais se apropriaram dele indevidamente. De um modo geral convém ser um artista para falar de arte. Por que uma pesquisa sobre a arte não seria, ela mesma, uma obra de arte?".

Na carta seguinte, em resposta a um pedido meu de encontrá-lo na Universidade de Paris, veio a explicação para a letra titubeante: "Atacado por uma miastenia grave há alguns anos, estou paralítico e não falo. Felizmente meu cérebro está cada vez melhor, não sou mais professor, mas continuo escrevendo e pesquisando. Se quiser me ver, minha mulher se encarregará do nosso encontro".

Esse encontro, em abril de 1992, foi muito emocionante. Eu falava e ele escrevia, mal segurando uma caneta. Quis saber tudo sobre meu trabalho, gostou de minhas conclusões e pediu um exemplar da tese para avaliar melhor. Foi o momento mais importante de toda minha longa trajetória em busca dos contos perdidos: um exemplo de que a capacidade intelectual está acima de qualquer obstáculo de ordem física e material.

Mariza B. T. Mendes

APRESENTAÇÃO

Quando me dispus, nos últimos anos de minha carreira de professora de Língua Portuguesa no primeiro grau, a fazer um mestrado em Literatura, meu primeiro pensamento foi para o objetivo social do curso. A que serviria um título de mestre para uma professora que estava encerrando sua carreira? Evidentemente ele só teria razão de ser se pudesse trazer alguma contribuição importante para o desenvolvimento da pesquisa científica e, consequentemente, para o ensino de Língua e Literatura, abrindo novas perspectivas de trabalho.

Sempre pensei que os estudos de pós-graduação desenvolvidos em universidades públicas deveriam estar voltados para uma finalidade não só científica, mas também social, visando o uso da disciplina estudada. Os pesquisadores devem esperar que pelo menos uma parcela da sociedade se beneficie dos resultados do seu trabalho. Mesmo que não houvesse essa preocupação, o simples fato de os mestrandos e doutorandos receberem auxílio financeiro, por meio de "bolsas" de órgãos públicos, seria suficiente para levá-los a desenvolver um trabalho voltado para a comunidade geradora da verba que os apoiou nos seus anos de estudo. E as ciências que estudam a língua e a literatura encontram sua finalidade social no campo do ensino, que é a forma como podem beneficiar não só uma parcela, mas toda a comunidade que faz uso da língua como meio de comunicação e expressão.

O que me levou, portanto, a um curso de pós-graduação foi o desejo de estudar um assunto de interesse do magistério, em qualquer nível de ensino. Daí a opção pela literatura infantil, na área de Literaturas de Língua Portuguesa. Foi pensando nos meus colegas de magistério que desenvolvi a minha pesquisa. Os bons e os maus momentos de nossa profissão, as vitórias e as derrotas, na difícil tarefa de educar a juventude, bem como a nossa luta pelo aprimoramento do ensino me incentivaram durante todos os anos de dedicação ao estudo do fenômeno literário como um todo e da literatura infantil como um fenômeno específico.

Por que estudar os contos de fada? E por que restringir esse estudo aos contos de Perrault? É evidente que foram essas as primeiras perguntas que me surgiram, ao tomar a decisão de iniciar a pesquisa. Não há dúvida de que me levaram a ela razões pessoais, de ordem racional e também sentimental, como acontece em todo trabalho humano, seja ele científico ou não. Entre essas razões, a mais evidente era o fascínio diante do intrigante fenômeno cultural que é a perenidade dos contos de fada. Aquelas mesmas histórias, que encantaram minha infância, tinham também encantado meus pais e meus avós, assim como meus ancestrais dos séculos passados. E continuavam encantando meus filhos e meus alunos.

Essa perenidade tanto mais intriga quando se pensa que essas histórias têm personagens femininas nos papéis principais. E colocam o "poder mágico" nas mãos das mulheres, uma forma de poder que é, além de tudo, de origem pagã. Como podem sobreviver esses valores numa sociedade que despreza o paganismo e coloca o poder sempre nas mãos dos homens? E como explicar ainda que a primeira versão literária dessas histórias tenha surgido na França do século XVII, quando Luís XIV proclamava o absolutismo monárquico e a Contrarreforma lutava para fazer prevalecer os valores primitivos do cristianismo? A busca das respostas para essas perguntas poderia ajudar a entender profundas questões pedagógicas, morais e sociais.

Estudar Perrault e os *Contos da Mamãe Gansa* pareceu-me então a melhor maneira de tentar penetrar nos mistérios que envolvem princesas, bruxas e fadas, personagens sempre amadas. Em primeiro lugar, porque foi ele que publicou a coletânea hoje considerada a primeira versão literária dos contos folclóricos dirigida ao público infantil. Seria possível afirmar, hoje, que ele tenha vislumbrado a possibilidade de esses contos, escritos numa prosa simples e envolvente, virem a agradar não só às crianças, mas também ao grande público, tornando-se uma obra extremamente popular, um verdadeiro *best-seller*? É até mesmo difícil explicar como um membro da alta burguesia, assessor do ministro Colbert e poeta da Academia Francesa, tenha se interessado pela arte do povo e tenha tido o trabalho de coletar e publicar essas histórias a que ele chamava de "contos de velha". Mas não se pode negar que foi ele, como diz Soriano, que teve o dom de perpetuar o encontro entre a cultura erudita e as tradições populares através de uma obra de arte de todos os tempos.

Além dessa razão primeira e decisiva, contou também o fato de existirem muito poucos estudos sobre Perrault no Brasil, ao lado de um grande interesse pelos irmãos Grimm, cujos contos foram sempre mais divulgados entre nós. Estava aí o germe da curiosidade que iria me levar à tentativa de rastrear as traduções e adaptações brasileiras dos contos franceses. Finalmente, uma razão de ordem prática: restringir o material de pesquisa a apenas oito contos, podendo ao mesmo tempo, com esse pequeno *corpus*, abranger toda a obra infantil de um mestre da literatura, que foi também o primeiro mestre da literatura infantil.

Propostos os objetivos, faltava o mais importante. Como conseguir, através do estudo dos contos de Perrault, chegar às descobertas e conclusões que interessariam ao público a que me propus atender? Qual o método de pesquisa e quais as técnicas de elaboração de texto que me levariam a atingir os objetivos? O primeiro passo foi traduzir os textos originais franceses. E senti nesse trabalho de tradução todo o encanto da prosa literária aplicada à narrativa popular.

Em seguida, uma pesquisa sobre os significados atribuídos ao conto de fada me levou às diversas linhas de estudo sobre o assunto. A vertente histórica e social me permitiu entrever os significados morais e pedagógicos dos contos populares como representação dos valores da sociedade, enquanto a vertente psicológica me mostrava a sua relação com os mistérios da alma humana. E a vertente literária me ajudou a descobrir a função do artista na reprodução do material de origem folclórica. Seria então possível classificar os *Contos da Mamãe Gansa* como uma obra literária, exemplo de literatura popular que se beneficiou da contribuição individual de um escritor do classicismo francês?

Surgiram novas indagações. O que continham os contos de Perrault de tão especialmente fascinante para terem feito tanto sucesso em pleno reinado absolutista de Luís XIV? E por que representam o marco zero da literatura infantil? Afinal são eles textos literários ou simples reproduções escritas das narrativas orais? Por que se destacaram tanto entre muitas outras versões de contos folclóricos, publicados na mesma época ou em épocas anteriores e posteriores, a ponto de ainda hoje, três séculos após, conservarem o mesmo poder de atração sobre o público leitor, enquanto a maioria dos demais textos se perdeu? Estará nos contos de Perrault a sociedade francesa de sua época, com as mulheres despertando para a valorização de seu papel social? Ou as sociedades primitivas, nas quais surgiram as primeiras narrativas orais, quando o poder feminino era decididamente reconhecido?

O passo seguinte seria então estudar a vida de Perrault e a época em que os *Contos da Mamãe Gansa* foram escritos, para tentar entender quais os fenômenos que permitiram o aparecimento de uma obra tão pequena e tão grande ao mesmo tempo. Esse estudo, como uma máquina do tempo, transportou-me a um mundo encantado, onde ficção e realidade se fundem para explicar como princesas, bruxas e fadas podem representar a mulher da Idade Moderna, que estava descobrindo o "feminismo". Se as francesas do século XVII eram as primeiras reivindicantes da emancipação das mulheres, as bruxas e fadas eram as representantes do poder feminino que, presente nas sociedades primitivas, foi combatido e derrotado pela cultura judaico-cristã, que tomou conta do Ocidente a partir do surgimento da religião monoteísta, criadora do deus-pai.

Outras questões ainda me intrigavam. Quando chegaram os contos de Perrault ao Brasil e como sobreviveram em nossa cultura?

Se era a sensibilidade dos textos que garantia o seu sucesso, como explicar que entre nós os textos originais foram-se perdendo, em meio a adaptações anônimas, cada vez mais reduzidas, estando hoje em coleções infantis que nem guardam o clima das primeiras versões? Para concluir o estudo do significado dos contos de Perrault ontem e hoje, relacionando-os com a literatura infantil brasileira, necessário seria ainda um levantamento das edições de seus contos no Brasil.

Em resumo, o objetivo deste trabalho é analisar os significados dos contos de fada, desde sua mais remota origem até nossos dias, ressaltando nessa análise as funções femininas na estrutura e na trama narrativa das histórias. Para isso, os *Contos da Mamãe Gansa* foram escolhidos como *corpus* privilegiado, tanto por ser a primeira versão literária do folclore europeu dirigida às crianças como pelas características das circunstâncias históricas, sociais e literárias, que permitiram a sua concretização há três séculos.

Falta justificar o título *Em busca dos contos perdidos*. Para tanto, devo dizer que o meu fascínio pelos contos de fada começou na infância, quando ouvi as primeiras histórias, e se consolidou mais tarde quando, mãe e professora, passei a ser a narradora dessas histórias. Ficou indelevelmente gravada em minha memória a primeira vez que ouvi *Chapeuzinho Vermelho*, na versão de Perrault, que acaba quando o lobo engole a menina. Mas a maioria das outras histórias, com as quais convivi nessa caminhada de ouvinte, leitora e narradora, estava muito distante das versões francesas originais. Embora tenha estudado a língua e a literatura francesas, jamais me encontrei com os textos de Perrault. Foi só quando me decidi a trabalhar com esse material que resolvi ir em busca dos textos do século XVII. Só então li Perrault no original. E entendi por que esse pequeno livro é considerado o iniciador da literatura infantil.

Resta-me, finalmente, esperar que o modo como conduzi meus estudos e a maneira como elaborei o meu texto tenham contribuído, favoravelmente, para atingir meu objetivo primeiro: desenvolver uma pesquisa que fosse do interesse da ciência e do agrado dos meus colegas de magistério. Foi sempre pensando nisso que tentei apurar a forma e o conteúdo deste trabalho. Sobre a forma do meu texto, devo confessar que o meu objetivo era escrever num estilo simples, de maneira a ser entendida pelo maior número possível de leitores. Onde cabia uma palavra de uso comum, era essa e não outra que eu procurava colocar. Nesse particular, deixei-me levar pela sugestão de Soriano em uma de suas cartas: "é inevitável que uma tese seja um trabalho maçante?". A minha intenção era criar um texto prazeroso, para que pudesse transparecer o prazer que me proporcionou esta pesquisa. Um outro mestre francês, Philippe Ariès, diz que o maior mérito do pesquisador "talvez seja menos defender uma tese do que comunicar aos leitores a alegria de sua descoberta, torná-los sensíveis – como ele próprio o foi – às cores e aos odores das coisas desconhecidas".

PARTE I

DO MITO AO CONTO DE FADA: OS SIGNIFICADOS DAS NARRATIVAS DE ORIGEM POPULAR

As civilizações se baseiam em mitos... O campo simbólico se baseia nas experiências das pessoas de uma dada comunidade, num dado tempo e espaço. Os mitos estão tão intimamente ligados a cultura, a tempo e espaço que, a menos que suas metáforas se mantenham vivas, por uma constante recriação através das artes, a vida simplesmente os abandona.

Joseph Campbell, New York, 1986

I ERAM AS FADAS DEUSAS?

O fundo de toda lenda é o *MYTHUS*, isto é,
a crença nos deuses tal como vai sendo estabe-
lecida de povo para povo.

Jacob Grimm, Alemanha, 1835

Numa comunidade primitiva, um ritual sagrado se reveste
de mistérios não acessíveis às pessoas comuns, mistérios contidos
numa narrativa verbal que só podia ser conhecida pelos participantes da prática ritualística. A divindade protetora era uma mulher,
representando a fonte da vida. Milênios mais tarde, numa choupa-
na ou num castelo medieval, uma mulher tece os fios de uma narrativa tão antiga quanto a arte de fiar. Rodeada por adultos e também por crianças, dela emanam fluidos mágicos que envolvem os
ouvintes, presos a suas palavras num encantamento místico. Hoje,
filmes, discos e livros ricamente ilustrados fascinam as crianças,
e também os adultos, contando as mesmas histórias. Embora esses narradores e narratários pertençam a mundos tão distantes no
tempo, no espaço e no significado, um fio invisível mas poderoso
os une: o hábito de ouvir e contar histórias.

Tão remoto quanto a origem da humanidade, o ato de ouvir e contar histórias não é apenas um dos muitos hábitos que os homens foram desenvolvendo ao longo de sua existência. Na verdade trata-se de um ato de prazer, cuja finalidade é exatamente fugir aos hábitos rotineiros que marcam a monotonia da vida cotidiana. E a mulher sempre teve um papel de destaque no mundo das histórias, seja como personagem, seja como deusa ou sacerdotisa num ritual sagrado, ou como simples ama, tia, mãe ou avó que, enquanto fiava, ia trançando com palavras os fios das narrativas populares, transmitidas de geração a geração.

Xerazade, a famosa contadora das lendas das *Mil e uma noites*, é o símbolo do papel da mulher no reino encantado das histórias. Usando com extrema habilidade o suspense da narrativa, ela salvou a sua vida e a das demais donzelas do país, enquanto o rei, que a ouvia embevecido, ia-se libertando do ódio que sentia pelas mulheres. Narradora e personagem de histórias encantadas, Xerazade, a tecelã das noites, simboliza a arte feminina de lidar com a narrativa, ao mesmo tempo que ensina uma das formas de usar a astúcia na luta contra o poder masculino.

Por esses e por outros motivos, a mulher acabou desempenhando os papéis principais nas histórias populares, como princesa, camponesa, bruxa ou fada, que representam, por sua vez, a mulher humana e a mulher divina. E o papel de narrador também sempre esteve ligado à figura feminina, pois era a mulher que fiava e tecia tanto o tecido das roupas como o texto das narrativas.

O que haverá de tão fascinante numa história para que ela identifique, num mesmo comportamento, o homem antigo e o homem moderno, apesar da enorme distância entre o misticismo de antes e o racionalismo de agora? Levados por esse questionamento, os homens, além de se encantarem com as histórias da Antiguidade, têm-se dedicado a estudá-las, tentando descobrir os seus significados. E elas já foram estudadas e analisadas sob os mais diferentes pontos de vista, revelando-se sempre portadoras de múltiplos sentidos. Mas há um consenso entre os pesquisadores: as histórias que hoje conhecemos como "contos maravilhosos", "contos de magia" ou "contos de fada" são remanescentes da tradição mitológica, e os mitos se originaram dos rituais praticados nas tribos primitivas.

Nessas comunidades, onde surgiram as primeiras ideias sobre o "poder divino", a divindade era feminina.

A HERANÇA SOCIAL DOS RITOS E MITOS

Um dos primeiros estudos científicos sobre contos populares a merecer respeito e prestígio internacional foi o de Vladimir Propp (1984) que, na década de 1920 na Rússia, dedicou-se à análise estrutural de cem narrativas contidas na mais conhecida coletânea de contos populares. Tendo chegado, pelo método estruturalista, à surpreendente conclusão de que todas as histórias tinham a mesma sequência de ações ou funções narrativas, Propp formula, ao fim de seu trabalho, uma instigante pergunta: teriam os contos folclóricos uma origem comum, uma única fonte de onde todos teriam surgido, apesar dos diferentes temas e diferentes versões?

A resposta para essa pergunta só foi encontrada anos mais tarde, quando o linguista se dedicou à pesquisa das raízes históricas dos contos maravilhosos (Propp, 1983). O resultado dessa pesquisa foi a descoberta da suposta fonte comum: as práticas comunitárias dos povos primitivos. Entre essas práticas destacam-se os ritos de iniciação sexual e as representações da vida após a morte. Para o autor, esses dois motivos explicam a existência de dois ciclos de contos, dando conta da quase totalidade das histórias hoje chamadas contos maravilhosos ou contos de fadas.

Assim ao ciclo da iniciação pertencem os contos que falam das crianças perdidas no bosque, dos heróis perseguidos ou ajudados pela magia, dos lugares proibidos e outros elementos do mesmo tipo. No ciclo das representações da morte estão os contos que mostram a donzela raptada pelo dragão, os nascimentos e renascimentos milagrosos, as viagens no dorso de uma águia ou de um cavalo e outros motivos semelhantes.

Na verdade não é possível traçar um limite exato entre os dois ciclos, pois tanto o neófito quanto o morto tinham as mesmas experiências, segundo Propp (1983, p.470): "Sabemos que todo rito de iniciação era considerado como um estágio no país da morte e que, reciprocamente, o morto tinha que passar por tudo que passava o iniciado".[1]

O linguista e folclorista russo chega então à conclusão de que a sequência de ações na estrutura narrativa do conto, por ele identificada anteriormente, era igual à sequência das provas por que passava o iniciado ou o morto nos rituais de iniciação ou de passagem para o outro mundo. Esse fato porém não explica ainda o surgimento do conto como tal, isto é, como uma história a ser narrada para um grande público. Como comprovar que as experiências do neófito ou do morto tenham-se transformado em histórias depois que os rituais deixaram de ser praticados? E como essa sequência de ações ritualizadas chegou até nós em forma de mitos e contos de fada?

A coincidência entre a estrutura das narrativas e a sequência das ações nos rituais levou Propp a concluir que os mais velhos, no papel de iniciadores, contavam aos jovens iniciantes o que lhes ia acontecendo durante o ritual, referindo-se porém ao primeiro ancestral, o fundador da raça e dos costumes. A narração, que revelava ao neófito o sentido das práticas a que se submetia, fazia parte do ritual e não podia ser divulgada. Era um segredo entre iniciador e iniciado, uma espécie de "amuleto verbal", que dava poderes mágicos a quem o possuía. E essas narrações foram-se transformando nos mitos das sociedades tribais, conservados e transmitidos como preciosos tesouros, instrumentos sagrados indispensáveis à vida da comunidade.

Por isso, analisando hoje um mito, é possível entender a realidade social de um povo, sua economia, seu sistema político, seus costumes e suas crenças. Os mitos eram tão importantes para os membros das comunidades primitivas quanto as religiões atuais o são para os seus seguidores, pois eram a explicação para a vida, a individual e a social, a passada, a presente e a futura.

---

1 As citações das obras que não têm edição em língua portuguesa se baseiam em tradução feita pela autora deste trabalho.

E o sentido da vida continua sendo tão necessário ao homem hoje como há milênios pois, apesar dos avanços tecnológicos, a alma humana continua a mesma. Os homens continuam hoje com a mesma necessidade de acreditar em deuses, em forças mágicas, em espíritos bons e maus, para poder explicar o que acontece a cada um em particular e a todos em geral. E no decorrer da história, como foi que o mito sagrado acabou se transformando no conto popular?

O CONTO COMO PRODUTO FINAL

Se o mito era um objeto sagrado, herança direta das práticas ritualísticas, como foi que o conto, seu herdeiro, se transformou num produto social independente? Para Propp, trata-se de um caso de correspondência entre a base e a superestrutura. O tema e a composição do conto são produtos do regime social de clã, enquanto sua utilização puramente artística é o resultado evidente do desaparecimento do sistema social que lhe deu origem e sustentação por algum tempo. O início do processo foi a desvinculação entre a história e sua narração ritualística. Nesse momento, o mito começou a se transformar em conto popular.

Essa separação entre o sagrado e o profano pode ter ocorrido naturalmente, pelo simples encaminhamento histórico do povo, ou pode ter sido pressionada artificialmente por acontecimentos sociais inesperados, como as migrações ou invasões de outros povos e suas inevitáveis consequências. Foi o caso da civilização pré-colombiana na América, invadida e destruída pelos europeus. De qualquer forma, depois de algum tempo os mitos vão sendo narrados em ambientes comuns, lares ou praças públicas, entre pessoas comuns, sem nenhuma identificação com os rituais sagrados, e vão-se tornando simples histórias de entretenimento e perdendo o seu significado primitivo.

Ao perder suas funções religiosas, o conto não se tornou, porém, inferior ao mito. Ao contrário, livre das convenções ritualísticas, a narrativa se emancipou e encontrou o espaço da livre criação artística, passando a receber influências importantes da sociedade, a caminho de sua plena realização como novo produto social.

Dessa maneira Propp confirma sua tese sobre a fonte única dos contos populares, em especial os contos de magia, que foram os estudados em seu trabalho. Ele ressalta no entanto que, para comprovar definitivamente essa tese, seria necessário um estudo comparativo entre os ritos e mitos de um povo e seus contos primitivos. Só assim se poderia eliminar a possibilidade da existência de uma antiga tradição artística. Segundo os etnólogos que estudam as tribos indígenas, que ainda hoje vivem em sociedades sem classes, nas comunidades primitivas não existe o conto como arte narrativa, apenas as lendas mitológicas, relacionadas aos ritos sagrados.

De qualquer modo fica claro, para o eminente folclorista e linguista russo, que o conto popular, como hoje se apresenta, é o resultado da profanação do mito, que deixa de ser sagrado, religioso, para se tornar profano e artístico. Esse é o momento em que nasce o conto. Fica claro também que o conto atual herdou das comunidades mais antigas sua cultura e ideologia. Isso não quer dizer que o conto seja o único herdeiro das crenças de nossos antepassados, pois as religiões modernas contêm ainda inúmeros resíduos das antigas práticas ritualísticas.

Essa origem comum dos contos e mitos explica ainda a semelhança entre sua estrutura narrativa e a de outras formas artísticas surgidas posteriormente, como as lendas heroicas e as epopeias. Assim, a cultura folclórica, nascida em uma comunidade sem classes, vem a ser, a partir do feudalismo, propriedade da classe dominante. Esse fenômeno pode explicar, finalmente, o uso ideológico que se faz dos contos de fada, desde a instalação do sistema educacional burguês até hoje.

Para Propp, portanto, o que justifica a intrigante semelhança entre os temas folclóricos dos diferentes povos do mundo não é a teoria das migrações nem a da unidade da psique humana, mas simplesmente a realidade histórica do passado. "O que hoje em dia se narra, em outra época, de uma maneira ou de outra se representava ou se imaginava" (1983, p.471). E na história de cada povo as etapas são as mesmas, cada cultura teve sua fase de ritos e mitos, que representavam sempre as situações e os problemas básicos da vida humana, daí a semelhança entre os mitos das mais diferentes culturas.

As teorias de Propp estão nos livros *Morfologia do conto maravilhoso* (1984), de 1928, e *Les racines historiques du conte merveilleux* [*Raízes históricas do conto maravilhoso*] (1983), de 1946, o segundo ainda sem tradução em língua portuguesa. Para o autor, são dois tomos de uma mesma obra, o primeiro servindo de introdução para o segundo. Suas pesquisas não se encaminharam especificamente para uma análise do papel da mulher como personagem e narradora de histórias. Mas é possível usar suas conclusões acerca da origem dos contos de fada em favor da hipótese de que o poder mágico feminino, nas mãos das bruxas e fadas, tenha vindo das sacerdotisas e deusas dos antigos rituais religiosos. Outros estudos, analisados a seguir, poderão trazer novas luzes sobre o assunto e contribuir para o seu esclarecimento.

O MITO DA GRANDE DEUSA

"Pai Nosso que estais no céu...", por que não "Mãe Nossa"? Já houve sistemas religiosos em que a divindade suprema era uma deusa, imagem bem mais natural para a ideia da criação do mundo, visto que a mãe é a fonte da vida, sendo por isso o progenitor mais próximo, mais atencioso e mais amigo. Nas mitologias primitivas havia a Mãe-Terra, ou a Mãe-Céu, representando toda a esfera celeste. Na Índia, a simbologia da divindade feminina existe ainda hoje.

Essas considerações estão no livro *O poder do mito* de Joseph Campbell (1990), que contém uma longa conversa entre este mitólogo e o jornalista Bill Moyers. Uma conversa que começou no Rancho Skywalker, de propriedade do cineasta George Lucas, e terminou no Museu de História Natural de Nova York, entre 1985 e 1986. A gravação em vídeo dessa entrevista foi transformada numa minissérie, de seis horas, para a PBS, rede de TV educativa dos EUA . O livro só foi editado em 1987, após a morte de Campbell.

Todos esses recursos da moderna tecnologia, usando a mídia eletrônica e a indústria editorial, mostram o alto prestígio da mitologia em nossos dias. Mas os ensinamentos do mestre norte-americano estão impregnados de noções e sentimentos tão simples e tão antigos quanto a origem do homem. Ao perceber que os mitos dos índios americanos continham os mesmos motivos da tradição bíblica, Campbell interessou-se pelas lendas mitológicas de diferentes povos e descobriu que em todas elas existem sempre os mesmos temas – criação do mundo, dilúvio, nascimento virginal do herói salvador, que morre e ressuscita – que são universais e que cada povo adapta às características de sua cultura.

Encarando os temas mitológicos como "metáforas da potencialidade espiritual do ser humano" (Campbell, 1990, p.24), o pesquisador vai percebendo, pela via histórica, como Jung, que os mitos e os sonhos falam das mesmas coisas e se expressam no mesmo tipo de linguagem simbólica. Na terminologia junguiana os mitos são "sonhos arquetípicos", ou seja, os sonhos de todos os homens, desde os tempos mais remotos, que contam a história da origem e evolução da espécie humana. Os sonhos seriam, para Campbell, "manifestações, em forma de imagem, das energias do corpo, em conflito umas com as outras" (ibidem, p.41).

Desde sempre os mitos vêm falando sobre as diferentes situações de vida, o relacionamento entre as pessoas, entre o indivíduo e a sociedade, entre a sociedade e a natureza. E a forma como o homem primitivo lidava com esses problemas não difere muito da forma usada pelo homem moderno. Daí a conclusão de que essas formas de comportamento são o esquema básico da psique humana, que Jung chamou de "inconsciente coletivo". Foi assim que o estudo do homem primitivo e seus mitos levou à descoberta dos arquétipos do inconsciente coletivo, e essa descoberta acarretou muitas polêmicas, que levaram a novas pesquisas.

Enquanto Propp, como linguista e folclorista, pesquisava as raízes históricas do conto popular e chegava aos ritos das sociedades tribais, Freud e Jung abriam as portas da mitologia, permitindo que psicólogos e antropólogos percorressem os caminhos dos deuses e heróis da Antiguidade e chegassem aos primeiros sistemas religiosos criados pelo homem, por volta de oito ou dez mil anos antes de Cristo. Se os primeiros ancestrais da espécie humana surgiram há cerca de um milhão e meio ou dois milhões de anos, as instituições sociais – família, estado, religião, trabalho, propriedade – só se definiram nos últimos milênios. Foi no período Neolítico, na fase final da Pré-História, que os homens aprenderam a polir os instrumentos de pedra e a fabricar instrumentos de metal, o que lhes permitiu descobrir que a terra poderia ser cultivada. E o homem deixou de ser um simples caçador, como qualquer outro animal, para se tornar produtor de alimentos.

Com o desenvolvimento da agricultura e a domesticação de animais, começou um novo tipo de vida para o ser humano, que então se fixou numa determinada região, passando a viver em comunidades socialmente organizadas. Embora tenha existido em todos os continentes, a cultura neolítica não aconteceu ao mesmo tempo em toda parte. Se o Egito e a Mesopotâmia a conheceram há dez ou doze mil anos, na Europa ela se desenvolveu quatro ou cinco milênios depois. E muitos povos da América estavam ainda em pleno período Neolítico quando Colombo aqui chegou, quinze séculos depois de Cristo. Toda a experiência adquirida pelos homens nessa sua longa caminhada histórica está contida nos mitos, que são os sonhos e sentimentos humanos expressos em narrativas metafóricas. E as metáforas primitivas continuam vivas e significativas para o homem moderno. Eis aí um fenômeno difícil de ser explicado. Mas não é difícil entender que, na linguagem mítica, os deuses e os demônios representam as boas e as más tendências do ser humano.

Pode ser impossível saber com exatidão a época e o local em que se desenvolveram as primeiras ideias a respeito dos deuses, mas uma certeza existe: as primeiras entidades divinas concebidas pelo homem eram do sexo feminino e representavam a Lua, considerada a deusa do amor e da fertilidade, a protetora das colheitas. Nut e sua filha Ísis, no Egito, e Istar, na Mesopotâmia, são os nomes mais conhecidos dessas figuras míticas do mundo agrário da Antiguidade. Por volta do quarto milênio antes de Cristo, observa Campbell, vieram as invasões dos semitas e indo-europeus, povos pastores e cavaleiros, com suas mitologias de orientação masculina. Com o passar do tempo, a cultura dos invasores e dominadores foi-se instalando, a Deusa-Mãe foi perdendo seu poder e foi sendo substituída pelo Deus-Pai, Zeus, Javé ou Jeová, a divindade dos vencedores. Assim, dois mil anos antes de Cristo, já estava instalada a sociedade patriarcal, que perdura até hoje.

Entre os hebreus, o preconceito contra a Deusa foi muito maior do que entre os indo-europeus, por isso na mitologia grega puderam conviver deuses e deusas, embora Zeus fosse o Deus-Pai. Já na tradição hebraica, o Deus de Abraão era único, dando origem ao monoteísmo judaico-cristão. Para Campbell, a figura da Grande Deusa renasce na Idade Média, com o culto à Mãe de Deus, sendo a imagem de Ísis amamentando o filho Hórus o antigo modelo para a Madona. Foi também na Idade Média que proliferaram os contos populares, cujas fadas eram as herdeiras das deusas primitivas.

Para uma melhor compreensão dos fatos que estão sendo analisados, é necessário tomar um exemplo de narrativa mitológica e constatar a sobrevivência de seus motivos nos contos de fada que ainda hoje encantam crianças e adultos. O melhor exemplo, para essa finalidade, é o mito de Psiquê, porque nele estão os principais arquétipos do mundo feminino, objeto de estudo deste trabalho. E os contos de fada a serem analisados como exemplos da herança mitológica, sem dúvida, devem ser os da coletânea preparada por Perrault em 1697, na França. Não é apenas o fato de ser o primeiro livro de contos de fada publicado no Ocidente que justifica a escolha. Os fenômenos sociais e culturais que permitiram a publicação dessa coletânea, conhecida como *Contos da Mamãe Gansa*, têm um significado especial para a compreensão dos contos de fada como produção artística.

Se o objetivo deste estudo é avaliar o papel das personagens femininas, princesas, bruxas e fadas, segundo diferentes visões, é preciso fazer uma análise dos contos de fada como um fenômeno cultural que contém aspectos não só literários, mas também psíquicos, pedagógicos, sociais e ideológicos. Essa é a opinião do filósofo francês Marc Soriano (1977), um dos mais eminentes estudiosos do assunto: "Pode ser útil estudar os CONTOS não somente como uma obra literária, mas também como a expressão indireta de uma visão política e, além dessa visão, como a expressão de um mundo complexo que se organiza e se questiona" (p.70).

2 ERAM AS FADAS MÃES?

Os sonhos do homem antigo e do moderno
estão escritos na mesma língua que os mitos,
cujos autores viveram na aurora da história.
Erich Fromm, Nova York, 1951

Eles têm sua origem em um espírito que não
é bem humano, e sim um sopro da natureza –
o espírito de uma deusa bela e generosa, mas
também cruel.
Carl G. Jung, Zurique, 1961

O estudo do significado dos sonhos e a descoberta de sua semelhança com os mitos primitivos foi um dos motivos da apro-
ximação entre Freud e Jung, mas foi também um dos pontos de
ruptura entre os dois pensadores. Enquanto Freud via os sonhos
como expressão da parte irracional da personalidade humana,
Jung considerava-os uma manifestação do inconsciente como um
todo, representando não só os desejos irracionais, mas todas as
experiências psíquicas não conscientes, incluindo as possibilidades
do futuro.

Às colocações de Freud sobre o fato de os sonhos representarem apenas as experiências do indivíduo, Jung respondia que a voz dos sonhos não é individual, mas coletiva, e também não aceitava que o simbolismo dos sonhos tivesse sempre uma conotação sexual. Ambos concordavam, porém, que o material contido nos sonhos é muito semelhante ao conteúdo dos mitos e contos de fada, e que para compreender uns e outros é necessário conhecer os significados da linguagem simbólica. Essas colocações são de Erich Fromm (1983) em *A linguagem esquecida*, obra que analisa os sonhos, mitos e contos de fada, considerando a linguagem simbólica "o único idioma universal jamais criado pela raça humana, o mesmo para todas as criaturas e para todo o curso da história" (p.16).

As descobertas de Freud e Jung levaram seus seguidores ao estudo dos mitos e contos de fada, que conservam em nossa cultura a herança dos primeiros contadores de história. Nessa linha destacam-se os trabalhos de Erich Fromm, Erich Neumann, Bruno Bettelheim e outros menos conhecidos, como Marie-Louise von Franz, Hans Dieckmann e Noemi Paz.

Para os freudianos essas histórias, assim como os sonhos, expressam os impulsos reprimidos na infância, em cuja origem estão sempre os desejos sexuais. Por essa razão sempre foram apreciadas, pois servem de escoamento para as tensões emocionais dos leitores e ouvintes. Os junguianos consideram como origem das narrativas populares e dos sonhos as camadas profundas do inconsciente, onde se instalam as imagens arquetípicas comuns a todos os homens, que formam a base da psique humana. O herói é o símbolo da alma enfrentando as mais duras provas, em busca de sua realização, processo que Jung chama de "individuação".

Para uns e outros, nas histórias de origem popular está o esquema básico da vida humana, com todas as etapas a serem vencidas, da infância até a maturidade. Essa é a razão de sua valorização, desde a Antiguidade até nossos dias. Nas análises feitas a seguir, do mito de Psiquê e da história de Cinderela, esses aspectos serão aprofundados, para que se constatem as diferenças e semelhanças entre as duas posições, a freudiana e a junguiana, e também se identifique o significado das funções femininas na estrutura da narrativa.

OS ARQUÉTIPOS DO MUNDO FEMININO

Porque os seres humanos sempre tiveram mãe, a criança já nasce com a capacidade de reconhecer a figura materna e de reagir à sua presença. Essa capacidade é a realização de uma potencialidade herdada, ou seja, é o fruto das experiências passadas da raça humana. Assim Jung vê o inconsciente coletivo: o alicerce genético da personalidade do homem, sobre o qual se constroem o ego, o inconsciente individual e os demais elementos da psique, e chama de "arquétipos" ou "imagens primordiais" os seus componentes estruturais. Esses elementos, que Freud chamava de "resíduos arcaicos", o mestre suíço definia como "formas mentais cuja presença não encontra explicação alguma na vida do indivíduo e que parecem, antes, formas primitivas e inatas, representando uma herança do espírito humano" (Jung, s.d., p.67).

Um arquétipo é uma forma de pensamento ou de comportamento, um símbolo das experiências humanas básicas, que são as mesmas para qualquer indivíduo, em qualquer época e qualquer lugar. Sendo resultado de uma experiência que foi repetida durante muitas e muitas gerações, os arquétipos estão carregados de uma forte emoção, que Jung chama de "energia". Essa energia lhes dá o poder de interferir no comportamento do indivíduo e da coletividade. E nesse particular os arquétipos parecem funcionar como os "complexos", mas "enquanto os complexos individuais não produzem mais do que singularidades pessoais, os arquétipos criam mitos, religiões e filosofias que influenciam e caracterizam nações e épocas inteiras" (ibidem, p.79).

Entre os arquétipos do inconsciente coletivo estão o nascimento, a maternidade, o casamento, a morte, o renascimento, o poder, a magia e as respectivas figuras da criança, da mãe, do herói, dos deuses e demônios. Todas essas imagens e figuras arquetípicas estão nos mitos e contos de fada, embora não sejam percebidas racionalmente pelos ouvintes e leitores. E é exatamente e evidentemente porque não se dirigem ao consciente racional que essas imagens se conservam e se transmitem por muitos séculos, preservando a estrutura primeira da narrativa.

Assim, os arquétipos do nascimento do herói, da iniciação sexual e da passagem para o outro mundo estão nos contos mais conhecidos e apreciados. O personagem principal geralmente é uma criança que enfrenta o problema do relacionamento com os pais, é submetida às provas da vida, situações difíceis que são resolvidas com a ajuda da magia, e chega à maturidade, representada pelo casamento, que será a felicidade eterna, o despertar para a luz, depois de um longo período de trevas.

As fadas, detentoras do poder mágico, podem representar a antiga divindade feminina das sociedades matriarcais, como já se viu, ou a imagem arquetípica da mãe, com seu lado bom (fada) e seu lado mau (bruxa), a "deusa bela e generosa, mas também cruel", de que fala Jung. A princesa, ou moça pobre que se torna princesa, representa o caminho a ser percorrido pela mulher no papel que a sociedade patriarcal lhe reservou: a realização por meio do casamento. Estão aí representados tanto o poder quanto a fragilidade da mulher.

PSIQUÊ E O DESAFIO À GRANDE MÃE

Em termos literários tudo começou com a história de Psiquê, que está no livro O asno de ouro, de Apuleio (s. d.), escritor latino do segundo século da era cristã. Essa é a única versão do mito existente na literatura greco-romana, embora sua tradição oral deva vir de muito tempo atrás. Na cultura ocidental, depois de muitos séculos, o mito foi reescrito por La Fontaine, contemporâneo de Perrault, na França do século XVII. No livro de Apuleio, em meio às aventuras e desventuras de Lúcio, o personagem que se transforma em asno, uma velha conta a uma jovem, sequestrada por ladrões no dia do seu casamento, uma história que deveria acalmá-la e espantar seu medo e sua angústia.

Psiquê era uma princesa tão linda, que despertou os ciúmes de Vênus (Afrodite). Para castigá-la, a deusa do amor e da beleza pediu a seu filho Cupido (Eros) que a fizesse desposar a mais vil das criaturas. Mas ao ver a bela Psiquê, o deus do amor se apaixonou por ela e manteve esse amor em segredo. Consultando um oráculo para saber qual seria o destino da filha, o rei ouviu uma terrível predição: ela deveria ser abandonada no alto de um rochedo, onde um monstro alado viria desposá-la. Assim se fez, porém a princesa foi transportada pelo vento até um palácio maravilhoso, onde não havia ninguém, apenas vozes misteriosas que lhe faziam todas as vontades. À noite vinha o esposo, que ela podia amar mas não podia ver. Uma noite, instigada pelas irmãs invejosas que tinham obtido permissão para visitá-la, a princesa resolveu acender uma lâmpada enquanto seu amado dormia a fim de matá-lo, se ele realmente fosse um monstro. Embevecida com a beleza do esposo, que era o próprio Cupido, Psiquê deixou cair uma gota de azeite quente da lâmpada. Ele acordou e desapareceu, conforme havia prometido, caso ela ousasse conhecê-lo. Para reencontrá-lo ela teria que enfrentar o ódio e a vingança de Vênus. E a sogra lhe impôs terríveis tarefas. Ajudada por forças mágicas, ora as formigas, ora as plantas aquáticas, ora uma torre ou uma águia, Psiquê vencia sempre. Mas caiu em desgraça novamente por causa de sua curiosidade. Ao trazer do inferno um pote de beleza para Vênus, ela não resistiu ao desejo de abri-lo e caiu desfalecida, atingida pelo sono da morte. Salva pela intercessão de Cupido, os deuses do Olimpo concordaram em transformá-la em deusa, para que ela fosse digna de casar-se com um deus. E a filha de ambos se chamou Prazer ou Volúpia.

Os principais temas e motivos do mito de Psiquê estão nos contos de fada mais conhecidos. A disputa pelo poder feminino, tema central da narrativa, sobrevive em *Cinderela, Branca de Neve, A Bela Adormecida*. A beleza é o símbolo do poder e desperta os ciúmes da madrasta, sogra, bruxa ou feiticeira, herdeiras do papel de Vênus ou Afrodite, a Mãe Terrível. O casamento com o monstro, ou falso monstro, permanece em *A Bela e a Fera* e *O Rei Sapo*. A inveja das irmãs e as tarefas a cumprir estão evidentes em *Cinderela*, enquanto a curiosidade feminina castigada aparece em *Barba Azul*.

O sono da morte está em *Branca de Neve* e *A Bela Adormecida*. Já a divinização da mulher não tem similar em nenhum conto, só encontrando correspondência no dogma da Assunção de Nossa Senhora, da tradição católica.

O motivo da mulher abandonada, que sai em busca de seu amado e se torna mãe de um deus, já estava no mito egípcio de Ísis e Osíris. Todas essas situações representam, sem dúvida, os arquétipos do mundo feminino, que vão predominar nas narrativas de origem popular. Proibição, desobediência e castigo, que têm em nossa cultura o símbolo máximo no mito de Eva expulsa do paraíso, estarão presentes em praticamente todas as histórias de personagens femininas, a partir do monoteísmo patriarcal.

Considerando a história de Cupido e Psiquê o "mito do relacionamento entre o homem e a mulher", Erich Neumann (1990) faz, no início dos anos 70, uma análise psicológica dessa narrativa, segundo a teoria junguiana. Para ele o mito de Psiquê representa, essencialmente, o desenvolvimento da alma da mulher, o cerne da psicologia feminina, que só pode ser compreendida à luz da cultura matriarcal mediterrânea pré-grega, que influenciou Platão e o neoplatônico Apuleio. Segundo essa psicologia feminina, a deusa Vênus é "a Grande Mãe que se une com seu divino filho amado para a perdição da 'hibris' humana, com o arbítrio livre e independente dos potentados celestes, para os quais o humano é sujeira terrena e mortalidade" (Neumann, 1990, p.51). É a disputa entre o poder feminino divino e o poder feminino humano, simbolizando a disputa entre a mulher madura e a mulher jovem, sejam elas mãe e filha, sogra e nora, tia e sobrinha, professora e aluna. Psiquê desafiou o poder da Grande Mãe, primeiro, sendo mais bela que uma deusa e, depois, casando-se secretamente com um deus. Por isso teve que ser terrivelmente castigada.

A noiva consagrada à morte é também um fenômeno básico da psicologia matriarcal, segundo a qual o casamento é o arquétipo central dos mistérios femininos e significa a morte da virgem, isto é, a destruição da virgindade. Psiquê amando um homem que ela não pode conhecer é o símbolo da felicidade ingênua – Eva no paraíso. E as irmãs, incentivando Psiquê a desvendar o mistério do amado invisível, equivalem à serpente encarregada de concretizar a expulsão do paraíso. Elas representam também o lado "sombra" de Psiquê, a atitude matriarcal de repúdio aos homens.

Desse ponto de vista, paradoxalmente, a função dessas irmãs--sombra, apesar de toda a carga psíquica negativa da inveja e da vingança, é despertar a consciência feminina de Psiquê, fazendo-a realizar-se como mulher. Ela vive, nas trevas, "um êxtase de sensualidade, num estado de perfeita servidão através do sexo, que sem dúvida pode ser mencionado como um demônio, um monstro" (ibidem, p.62). Para essa situação, no matriarcado, só há uma solução: matar ou castrar o macho.

A luz sobre o deus adormecido ilumina o momento em que Psiquê assume o seu destino, momento que surge na vida de toda mulher que parte em busca da consciência e da autorrealização. Esse momento é trágico e doloroso, pois representa a perda do paraíso, a perda da felicidade ingênua. As tarefas que Vênus impõe à mortal que ousou desafiá-la têm, na interpretação de Neumann, o sentido da redenção da mulher, ou seja, a heroica luta do feminino, reivindicando seus direitos. A deusa assume então o papel da Mãe Terrível, a madrasta ou bruxa dos contos de fada. Embora nenhuma das tarefas tenha sido executada sem o auxílio das forças mágicas, ou do próprio Cupido, os junguianos consideram o sucesso como mérito de Psiquê, pois os auxiliares (formigas, junco, águia e torre) simbolizam as forças interiores da alma feminina. A conclusão é que, com o mito de Psiquê, "surge um novo princípio do amor, no qual o encontro do feminino com o masculino se processa com base na individuação" (ibidem, p.73).

Robert A. Johnson (1987) retoma essa análise em seu livro *She*: a chave do entendimento da psicologia feminina, que popularizou os conceitos junguianos sobre o processo de individuação da mulher, numa linguagem acessível ao grande público. Na obra, nitidamente sensacionalista, os méritos de Psiquê são exacerbados para atingir, com forte apelo emocional, o público a que se destina. Por isso seu trabalho está muito aquém da obra de Neumann, que lhe serviu de modelo, embora tenha-se tornado, em pouco tempo, bastante conhecida.

Na análise freudiana de Bruno Bettelheim (1980), contida em *A psicanálise dos contos de fadas*, a história de Cupido e Psiquê é comparada ao conto O *Rei Sapo*, em que a transformação do sapo em príncipe, ocasionada pelo amor, acontece num momento de intensa autoafirmação da personagem feminina. Para o psicanalista, essa e outras histórias do tipo noivo-animal advertem que "a tentativa de apressar os acontecimentos no sexo e no amor – a tentativa de descobrir às pressas e às escondidas o que significa uma pessoa e o amor – pode ter consequências desastrosas" (ibidem, p.331). Essa advertência sugere que a conquista do verdadeiro amor é trabalho demorado e requer muita paciência. Esse significado Bettelheim atribui, de um modo geral, a todos os contos de fada que, em sua experiência de psicólogo de crianças autistas, eram usados como instrumento de terapia. Esse fato, anunciado na introdução da obra, por si só já evidencia o caráter pragmatista de seu estudo dos contos de fada. Esse pragmatismo se acentua à medida que o trabalho se desenvolve, o que não impede que se reconheçam os méritos do pesquisador, que se tornou conhecido e respeitado internacionalmente.

"Cupido e Psiquê é um mito, não um conto de fadas, embora possua traços semelhantes aos contos" (ibidem, p.333) – diz o autor, apontando a divinização da personagem como a principal singularidade da história, pois isso não acontece em nenhum conto de fada. Mesmo na mitologia grega, é o único caso de casamento entre um deus e uma mortal, ou de um ser humano transformado em deus. A análise psicanalítica ressalta aspectos da narrativa que, para a psicologia junguiana, têm pouca importância. Assim, priorizando as conotações sexuais dos problemas enfrentados pela heroína, sua predestinação a um marido-monstro é vista como a expressão visual de seus desejos reprimidos, sendo a serpente o símbolo fálico por excelência.

Para concluir sua análise, Bettelheim assim resume a mensagem do mito: "apesar de todas as advertências quanto às funestas consequências de tentar pesquisar sobre o sexo e a vida, a mulher não se contenta com a ignorância sobre o assunto. Uma existência cômoda numa ingenuidade relativa é uma vida vazia que não se pode aceitar. Apesar de todas as provações que tem de sofrer para renascer com uma humanidade e consciência integrais, a história não põe em dúvida que é isso que a mulher deve fazer" (ibidem, p.354). Essa conclusão se aproxima bastante da interpretação junguiana de Neumann e Johnson.

Tanto a interpretação junguiana como a freudiana estão impregnadas de conceitos pedagógicos e moralistas. É fácil ver em uma e outra a intenção de tirar lições de vida dos mitos e contos de fada, lições que devem ser aproveitadas em situações práticas: terapia ou educação. Mas o poeta Perrault, em 1695, já se antecipava aos intérpretes do século XX e via os *Contos da Mamãe Gansa* como instrumentos de aprimoramento moral na educação das crianças, preconizando há três séculos o uso ideológico das bruxas e fadas.

No prefácio do seu livro *Contos em verso*, ele cita o mito de Psiquê como uma história de menor valor que os contos franceses, porque não continha uma moral dignificante, nem mesmo uma moral inteligível: "Sei bem que Psiquê representa a Alma, mas não sei o que representa o Amor, que está apaixonado por Psiquê, isto é, pela Alma. E entendo menos ainda quando se diz que Psiquê seria feliz enquanto não conhecesse o seu amado, que era o Amor, mas que ela seria muito infeliz a partir do momento em que o conhecesse: eis aí para mim um enigma indecifrável" (Perrault, 1989, p.182). Apesar de estar vivendo o século XVII na França, em pleno apogeu do prestígio da literatura greco-romana, Perrault era um católico da Contrarreforma e não via com bons olhos a tradição pagã.

A conclusão final, depois dessas análises do mito de Psiquê, é que cada época ilumina as narrativas da Antiguidade com as luzes de sua cultura. Sendo assim, não se pode deixar de ver nesse mito a ideologia da cultura grega, no momento em que se consolidava a sociedade patriarcal. Segundo os historiadores, por volta do ano 1000 ou 900 antes de Cristo, data provável da *Ilíada*, primeiro manuscrito da mitologia grega, a sociedade matriarcal já estava extinta.

Por mais que os psicólogos queiram ver na trajetória de Psiquê a vitória da alma feminina, não é possível ignorar o processo como se dá essa vitória na estrutura da narrativa. Psiquê era frágil e passiva, nunca tomou uma decisão sozinha. Aceitou prontamente ser entregue ao noivo-monstro, aceitou amá-lo no escuro, aceitou a

ideia das irmãs de iluminá-lo e matá-lo. E quando se viu só e abandonada, pensou logo em suicidar-se. A cada nova tarefa imposta
por Vênus, voltava a ideia do suicídio. Os obstáculos só foram su-
perados graças à ajuda dos auxiliares mágicos. Foi vencida duas vezes pela curiosidade e só pôde sair do sono letárgico pelas mãos de
Cupido. Onde está a vitória da mulher pelas suas próprias forças?

O modo como Cupido repreende Psiquê, ao despertá-la do
sono da morte, chamando-a de "desgraçada criança", é um símbolo típico do machismo que perdura até hoje: o homem é bene-
volente e superior. E, finalmente, símbolo da superioridade dos
deuses, ela precisou do perdão de Vênus e do consentimento de
Júpiter para se unir a seu amado. Houve realmente um desafio à
Grande Mãe? Ou só é possível ver nesse mito a vitória do poder
divino e do poder masculino? O símbolo supremo dessa vitória é
a submissão final e total de Psiquê: para ser digna de se casar com
um deus, ela precisou ser transformada em deusa. E isso só aconteceu pela intercessão de Cupido. Assim como o mito, cada conto
de fada que herdou seus motivos vai transmitindo, de geração em
geração, os seus significados pedagógicos, psicológicos e ideológicos. Nenhum desses significados pode ser ignorado ou desprezado,
se a intenção é analisar os papéis femininos em sua relação com os
arquétipos culturais da humanidade.

CINDERELA E OS IMPULSOS REPRIMIDOS

"Um receptáculo pequenino dentro do qual se pode inserir
uma parte do corpo de modo justo pode ser visto como um símbolo da vagina. Algo que é frágil e não deve se esticar porque rompe-
ria lembra-nos o hímen; e algo que se pode perder com facilidade
no final de um baile, quando o amado tenta estreitar a amada,
parece uma imagem apropriada à virgindade..."(Bettelheim, 1980,
p.304-5). Estas palavras sobre o famoso sapatinho de Cinderela
contêm uma síntese da concepção freudiana das imagens, metáforas e símbolos das narrativas de origem popular. De acordo com

essa concepção, os mitos e contos de fada expressam em linguagem simbólica, assim como os sonhos, os impulsos sexuais reprimidos na infância.

A interpretação da história de Cinderela é, sem dúvida, o exemplo ideal do tipo de análise feita pelo autor de *A psicanálise dos contos de fadas*. Ao mesmo tempo, esse conto mostra, melhor que qualquer outro, as marcas deixadas por Vênus e Psiquê nas personagens femininas – princesas, bruxas e fadas. E ainda é, segundo o próprio Bettelheim, o melhor exemplo de concretização de arquétipos femininos, pois "nenhum outro conto justapõe de modo tão claro a mãe boa e a mãe má" (ibidem, p.313).

Antes de ir ao baile do príncipe e perder o sapatinho, Cinderela era uma pobre órfã, condenada a sofrer nas mãos de uma madrasta malvada e de suas filhas invejosas. Tinha de fazer todos os serviços da casa, sem direito a nenhum descanso e a nenhuma alegria, e à noite tinha de dormir nas cinzas do borralho. Estado de penúria e sofrimento pior do que esse, impossível! Nessa situação desesperadora, provocada pela ausência da mãe, é a fada madrinha (Perrault) ou um pássaro (Grimm) quem salva a personagem. Qualquer que seja o símbolo, é a mãe boa que lhe dá condições de ir ao baile e encontrar o príncipe que a fará feliz, casando-se com ela. Essa felicidade matrimonial é o símbolo da maturidade e da realização individual, objetivo dos antigos ritos de iniciação sexual, que Propp identificou como a fonte primitiva desses contos. Esse ritual sobrevive em nossa sociedade por meio da cerimônia religiosa do casamento, que tem sido sempre valorizada, ao longo dos anos, e tem transmitido, de uma geração a outra, o significado do papel da mulher no casamento. A mãe é o modelo a ser seguido pela filha, futura mãe.

Que a figura da mãe seja o fator mais importante na formação psíquica da criança ninguém jamais ousou contestar. E os mitos comprovam que essa importância já era percebida nos primórdios da civilização. A novidade do século XX é a teoria psicanalítica de Freud anunciando a origem sexual dos conflitos entre pais e filhos. E foi na mitologia grega que o criador da psicanálise encontrou a representação simbólica dos conflitos. O mito de Édipo, que mata o pai e se casa com a mãe, tornou-se então conhecido e famoso no mundo todo. E novos adjetivos – edípico, edipiano – foram incorporados ao vocabulário dos psicólogos e de outros estudiosos do assunto.

Não se pode, porém, atribuir aos freudianos as primeiras e bem-sucedidas tentativas de dar uma conotação sexual aos elementos narrativos dos contos de fada. Em 1697, três séculos antes das análises psicanalíticas, Perrault já acrescentava a cada conto de sua coletânea uma moral em versos, nos quais deixava clara muitas vezes a alusão ao comportamento sexual dos personagens, e comparava-o com os hábitos sociais de sua época. Ao conto *Cinderela*, por exemplo, foram acrescentados ensinamentos morais que começavam pelos versos: "A beleza é para o sexo um raro tesouro/ Que ninguém se cansa de admirar" (Perrault, 1989, p.279).

Em sua análise da história de Cinderela, Bettelheim (1980) diz ainda que nela estão "os sofrimentos e as esperanças que constituem essencialmente a rivalidade fraternal, bem como a vitória da heroína humilhada sobre as irmãs que a maltrataram" (p.277). Mas a rivalidade fraterna se origina, para os psicanalistas, do relacionamento da criança com os pais. Os ciúmes do irmão vêm exatamente do tratamento preferencial que ele recebe dos pais, segundo a visão do ciumento. Assim, sob o conteúdo manifesto da rivalidade fraterna, a história transmite outros significados, que só serão apreendidos pelo inconsciente, onde estão guardadas as experiências psíquicas reprimidas, exatamente aquelas expressas nos significados ocultos. A rivalidade fraterna encobre, pois, os conflitos edípicos, verdadeiro tema da narrativa.

Ao representar simbolicamente suas angústias, os contos de fada ajudam as crianças a encontrar o significado da vida. É o que diz Bettelheim (1980), ao afirmar que "através deles pode-se aprender mais sobre os problemas interiores dos seres humanos, e sobre as soluções corretas para seus predicamentos em qualquer sociedade, do que com qualquer outro tipo de história dentro de uma compreensão infantil" (p.13). Para poder enfrentar a vida, que lhe parece tão desconcertante, a criança necessita de uma ajuda que lhe permita ordenar os fatos cotidianos. Essa ajuda viria então sob a forma de uma educação moral, que o psicanalista, evidentemente, considera possível através do contato com os contos de fada. Eles ensinariam a criança a se portar de acordo com a expectativa da sociedade, cumprindo a sua função ideológica.

A mensagem que eles transmitem poderia então ser resumida da seguinte forma: "uma luta contra dificuldades graves na vida é inevitável, é parte intrínseca da existência humana – se a pessoa não se intimida mas se defronta de modo firme com as opressões inesperadas e muitas vezes injustas, ela dominará todos os obstáculos e, ao fim, emergirá vitoriosa" (ibidem, p.14). Parece difícil ver nessas palavras a descrição de uma personagem como Cinderela. Assim como a maioria das heroínas dos contos de fada, ela nada fez para mudar seu destino, apenas esperou passivamente que algum poder mágico a salvasse da situação de penúria. E Cinderela é o modelo de comportamento feminino ainda hoje esperado das jovens, e até mesmo sonhado por elas. Como Vênus, a madrasta fez tudo para que Cinderela não se realizasse como mulher, ela aguardou pacientemente, como Psiquê, que a intercessão do príncipe a livrasse de seus perseguidores. Com o casamento se efetivou a felicidade eterna.

É evidente que os ouvintes e leitores dos contos de fada se envolvem emocionalmente com os elementos da narrativa, como dizem os junguianos e freudianos. Se assim não fosse, os contos não teriam atravessado os séculos. E os arquétipos do inconsciente coletivo, tanto quanto as experiências individuais, são de fato os responsáveis por esse profundo envolvimento emocional. Nos contos de fada estão realmente representados todos os elementos fundamentais da experiência humana. E representados, artisticamente, pela linguagem simbólica.

Mas é evidente também que, quanto maior o encantamento provocado pela obra de arte, mais fácil é a transmissão da ideologia que lhe deu origem. Por isso não podem ser ignorados os valores sociais dos contos de fada. Esses valores têm sempre servido aos interesses dominantes das sociedades que os têm reproduzido. Em *Cinderela* permanecem vivos os ideais da sociedade patriarcal: a criança e a mulher devem ser submissas, o poder deve ser divino e masculino.

3 ERAM AS FADAS MESTRAS?

> Eu poderia tornar meus contos mais agra-
> dáveis, colocando neles algumas passagens um
> tanto livres, como está na moda, mas o desejo
> de agradar não me é tão tentador a ponto de
> violar uma lei que me impus, de não escrever
> nada que possa ferir o pudor ou a decência.
>
> *Charles Perrault*, Paris, 1965

"Por mais frívolas e bizarras que sejam todas essas histórias em suas aventuras, é certo que elas estimulam nas crianças o desejo de se assemelharem àqueles que se tornam felizes e, ao mesmo tempo, o temor de caírem em desgraça como os maldosos" (Perrault, 1989, p.183). Com essa afirmação, no prefácio de *Contos em verso*, em 1695, Perrault mostrava claramente o que significavam na época os contos de origem popular. As fadas eram bem-vistas e bem-vindas porque eram boas mestras, isto é, ensinavam os caminhos do bem.

Em nossos dias Bettelheim (1980, p.15-6) afirma: "Não é o fato de a virtude vencer no final que promove a moralidade, mas de o herói ser mais atraente para a criança, que se identifica com ele em todas as suas lutas". Os três séculos que nos separam das palavras de Perrault não foram suficientes para que a classe dominante alterasse seu modo de ver os contos narrados pelo povo. Se eles são tão apreciados e tão divulgados, é preciso tirar proveito desse prestígio. "Não por acaso foi a burguesia ascendente dos séculos XVIII e XIX a patrocinadora da expansão e aperfeiçoamento do sistema escolar" (Zilberman, 1982, p.20). Estas palavras explicam o uso da literatura infantil na escola, numa obra que inicia o debate desse tema no Brasil.

Alguns anos antes de publicar os *Contos da Mamãe Gansa*, que iriam dar origem à literatura infantil, o poeta Charles Perrault apresenta numa sessão da Academia Francesa, em 1691, um conto popular em verso, que depois foi publicado juntamente com outras produções literárias dos acadêmicos. Estava aberta a porta da literatura clássica para as histórias do povo. Logo depois os oito contos em prosa da coletânea de 1697 realizariam a proeza de se tornarem conhecidos e admirados no mundo inteiro.

Mas na verdade os contos populares tiveram prestígio na corte de Luís XIV por obra e graça das mulheres, que mais uma vez teciam os fios históricos da arte narrativa. Tecelãs das noites, como Xerazade, as "preciosas" se encarregaram de garantir em seus salões literários um espaço para os "contos de velha", que começaram assim a ser respeitados por nobres e burgueses como histórias cheias de ensinamentos e preceitos morais. Com certeza, sem essa "ajuda" das mulheres, que tentavam também garantir seu espaço no mundo intelectual, os contos de fada não teriam chamado a atenção de Perrault, a ponto de levá-lo a encomendar a Claude Barbin, o editor dos acadêmicos, a publicação da coletânea.

Na dedicatória da obra, assinada pelo filho mais novo do poeta, as palavras dirigidas à sobrinha do rei se referiam à "moral muito sensata" que os contos encerravam. Por essa razão eles eram dedicados a uma princesa da corte, que não deveria vê-los como "simples bagatelas", mas como exemplos da vida do povo. E esses exemplos serviriam de instrução àqueles que o céu tinha escolhido para conduzir os destinos desse povo.

Não resta dúvida, portanto, de que há uma ideologia burguesa e aristocrática nos contos de fada, embora eles circulassem, preferencialmente, entre a classe mais explorada e oprimida. Com sua "moral ingênua", segundo a qual os maus são sempre punidos e os bons sempre premiados, eles serviam perfeitamente aos propósitos educacionais da classe dominante.

A MORAL INGÊNUA E UTILITÁRIA

Ao escrever o prefácio da quarta edição do livro *Contos em verso*, Perrault estava preocupado com a receptividade da obra, pois algumas pessoas tinham visto com "certo desprezo" as edições anteriores desses contos. O prefácio pretendia então explicar as razões que levaram um poeta da Academia a se interessar por "simples bagatelas". Os três contos em verso – *Grisélidis*, *Pele de Asno* e *Os desejos ridículos* – eram bastante conhecidos entre os narradores orais e nos livretos de cordel.

Grisélidis (que no *Decamerão* se chama Griselda) é uma camponesa que se torna rainha e sofre todas as provações nas mãos de um marido cruel, encontrando porém a força necessária para resistir pacientemente a todos os maus-tratos. *Pele de Asno*, assim chamada por estar sempre vestida com um couro de burro, é uma princesa disfarçada que se viu obrigada a fugir de casa para não ceder aos desejos incestuosos de seu pai. Tanto a primeira como a segunda são premiadas no fim da história pelos atos de coragem e virtude. Já no terceiro conto, *Os desejos ridículos*, não há princesa nem bondade premiada, mas uma mulher castigada por sua falta de tato no relacionamento com o marido. Tudo bem de acordo com a moral ingênua, que Perrault chamava de "moral utilitária", e sempre visando o comportamento feminino.

Para se justificar diante dos que o reprovavam por escrever "bagatelas", Perrault compara suas histórias às famosas fábulas milesianas, tão apreciadas na Grécia e em Roma, ressalvando que são superiores às da Antiguidade, pois contêm uma moral nobre, que o paganismo não podia transmitir. Grisélidis é comparada à Matrona de Éfeso (uma das personagens do *Satiricon*), Pele de Asno lembra Psiquê, e a história dos desejos ridículos é semelhante à de

Júpiter e o lavrador. Porém o que hoje está claro para nós o poeta não percebia: suas histórias eram herdeiras diretas da mitologia clássica e não inventadas pelos franceses, como ele supunha. Mas a comparação não foi feita apenas para mostrar que os franceses inventavam histórias tão bem quanto os antigos. O seu principal objetivo era ressaltar a superioridade da "moral cristã", embora esse termo não tenha sido usado. Essa moral "louvável e instrutiva" era "o elemento principal das fábulas, razão pela qual elas devem ter sido feitas" (Perrault, 1989, p.182). A Matrona de Éfeso é uma viúva que jura fidelidade ao marido e não resiste à primeira tentação. Para o poeta, essa história contém uma péssima moral, pois ensina o mau caminho às mulheres. Já Grisélidis "ensina as mulheres a sofrerem por seus maridos, mostrando que não existe nada de tão brutal ou tão estranho que a paciência de uma mulher honesta não possa superar" (ibidem, p.182). Quanto à moral da história de Psiquê, Perrault diz que poderia compará-la à de *Pele de Asno* se conseguisse decifrá-la, e conclui: "essa história, assim como a maioria das que foram transmitidas pelos antigos, só foi feita para agradar, sem preocupação com os bons costumes, que eram muito negligenciados" (ibidem, p.182).

A história dos desejos ridículos fala de um lenhador ao qual Júpiter prometeu a realização dos três primeiros desejos por ele formulados (apesar do desprezo pela mitologia pagã, Júpiter está aí, como deus-pai). O lenhador vai para casa e consulta a mulher, na esperança de bem aproveitar a oportunidade. Enquanto estavam confabulando, ele olhou para o fogo e disse que um bom pedaço de chouriço viria a calhar. Seu primeiro desejo foi prontamente atendido. Indignada, a mulher se põe a maldizer o marido, com tal fúria, que ele deseja ver o pedaço de chouriço na ponta do seu nariz. Foi imediatamente realizado o segundo desejo. O terceiro só poderia ser o fim de tudo aquilo, fazendo o chouriço desaparecer do nariz da mulher. Estava perdida a grande oportunidade oferecida por Júpiter, e por culpa da mulher. Essa história, assim como a antiga lenda do lavrador que não soube usar os poderes recebidos de Júpiter para proteger sua colheita, tem para o poeta francês a seguinte moral: "os homens não sabem o que lhes convém, e são mais felizes quando conduzidos pela Providência, ao invés de esperar que as coisas aconteçam segundo seu próprio desejo" (ibidem, p.182).

Com todos esses comentários no Prefácio de 1695, Perrault deixa claro que, para a moral ingênua e utilitária, os homens devem ser guiados por poderes superiores (mágicos/divinos), que punem o vício e premiam a virtude. Esse esquema será usado com maior eficiência nos contos em prosa porque, dirigidos às crianças numa linguagem simples e poética, eles atingirão certamente o alvo principal dos ensinamentos morais. Os contos mostrarão "a vantagem de ser honesto, paciente, previdente, trabalhador, obediente..." (ibidem, p.183), exatamente as qualidades que o rei esperava de seus súditos, os maridos, de suas esposas e os pais, de seus filhos. Esse Prefácio comprova que foi com Perrault, no final do século XVII, que se definiu o uso ideológico dos contos de fada.

OS CONTOS NOS SALÕES LITERÁRIOS

Desde que Luís XIV fez de Versalhes sua residência oficial, a vida dos nobres e burgueses parisienses se alterou. Mas Paris continuou sendo a capital e o coração do reinado, pois nela estavam todas as instituições sociais e culturais, as academias recém-fundadas, os estabelecimentos comerciais, as manufaturas reais, a imprensa, o parlamento, a justiça e a polícia. Foi nessa cidade, de quatrocentos ou quinhentos mil habitantes, a mais populosa da Europa, que se aprimorou a moda dos salões literários, que seriam os responsáveis pelo prestígio social dos contos de origem popular.

Em *Paris no tempo do Rei Sol*, Jacques Wilhem (1988) analisa a influência dos salões parisienses, peças das luxuosas residências dos nobres e burgueses, especialmente projetadas e decoradas para as recepções sociais. Mas os salões exclusivamente mundanos não deixaram vestígios na história. "Aqueles cuja lembrança se conservou devem isso às suas tendências intelectuais, que suscitaram tantos escritos da parte de seus frequentadores" (p.227).

A atividade literária que se desenvolveu nesses salões recebeu o nome de "preciosismo", termo que designava o barroco francês. E entre aqueles que os frequentavam e os promoviam se destacaram sobremaneira as mulheres, sendo por isso chamadas de "preciosas". O preciosismo, segundo Marc Soriano (1968, p.257), era um conjunto de regras estabelecidas pelos frequentadores dos salões, que eram "centros de vida mundana e artística, onde se discutiam belas letras e galanteria e se praticavam jogos literários". Esses jogos de salão, uma espécie de ritual do espírito, tinham regras estabelecidas tanto para o estilo e a forma linguística como para o conteúdo das obras, que eram produzidas num tipo de competição literária, a partir de um tema ou de uma determinada estrutura de texto.

Mme de Rambouillet, Mme d'Aulnoy, Mlle de Scudéry, Mlle de Montpensier, Mlle Lhéritier (sobrinha de Perrault) eram algumas das "preciosas", que foram ridicularizadas por Molière em suas comédias de costumes: *As preciosas ridículas, A escola de mulheres* e *As mulheres sabidas.* De um modo geral, os grandes escritores da época frequentavam os salões para ficar por dentro da moda, mas não resistiam à tentação de ridicularizar aquelas mulheres que estavam pretendendo igualar-se aos homens. Não se pode, porém, negar que o preciosismo foi um movimento reconhecido e respeitado pelos aristocratas e burgueses do Antigo Regime. Seu prestígio social era tão grande que, quando não dispunha de um salão especial em sua residência, a "preciosa" recebia os amigos em seus aposentos, que eram chamados de *ruelles*.

Talvez não seja errôneo afirmar que nos salões das "preciosas" surgiu o primeiro movimento socialmente organizado em defesa da igualdade de direitos entre homens e mulheres, podendo até mesmo ser considerado um ancestral do "feminismo" do século XX. Porém, embora tenham conquistado seu espaço no mundo dos homens, as mulheres não conseguiram ir além dos salões. Esse espaço não chegou sequer às portas da Academia pois, como diz Wilhelm (1988, p.231), "se as mulheres reinavam nos salões, isso não acontecia nos outros locais onde se desenvolvia a atividade literária". Assim como tinha sido proibida a presença das meninas nos colégios, foi proibida também a presença das mulheres na

Academia, um preconceito que perdurou até nossos dias. A mulher devia aprender a ler e escrever em casa e, se quisesse desenvolver os dotes do espírito, isso também deveria estar restrito ao recesso do lar.

Como La Fontaine, Racine, Corneille, Molière, Boileau e outros escritores do Grande Século, Perrault era um frequentador e admirador dos salões literários, a cujas regras e jogos se submetia. Prova disso são os seus poemas que, além dos temas ditados pela moda, contêm, segundo Soriano (1968, p.261), "os procedimentos usuais do preciosismo, as cascatas de metáforas e comparações". Mas sua posição em relação ao papel das mulheres era bastante ambígua pois, embora as defendesse contra os ataques de Boileau, na Querela dos Antigos e Modernos, seus contos deixam escapar nas entrelinhas inúmeras manifestações antifeministas.

É bastante provável, no entanto, que Perrault tenha colhido nos salões literários a ideia de publicar a coletânea dos contos em prosa. Que contar e escrever contos populares era um dos modismos dos salões não resta a menor dúvida, como se pode deduzir pelos inúmeros contos que tiveram versões publicadas pelas "preciosas". O conto *A Bela Adormecida no Bosque*, único da coletânea de Perrault que tinha sido publicado anteriormente, foi apresentado pela revista *Le Mercure Galant*, em 1696, como uma história escrita por uma mulher. A confusão mostra que foram as mulheres, as mestras do lar, as autoras das primeiras versões literárias dos contos populares, embora nenhuma dessas versões tenha, para a história da literatura infantil, a mesma importância dos contos do poeta.

Quando os contos não eram escritos pelas mulheres, eram a elas dedicados. Assim cada um dos três contos em verso, assinados pelo poeta, foi dedicado a uma dama da corte cujo nome não era mencionado. E a coletânea em prosa foi dedicada a uma sobrinha de Luís XIV . Esse fato pode não ser uma prova do "feminismo" de Perrault, mas é um dos fatores que levam à conclusão de que foram as "preciosas" as responsáveis pela publicação dos *Contos da Mamãe Gansa* entre os clássicos da Academia Francesa. Para elas, as fadas deveriam representar o poder feminino na sociedade.

OS VALORES SOCIAIS NOS CONTOS DE FADA

Na Idade Média não existia a "infância", consequentemente não existia a literatura infantil. A infância como uma fase especial da vida, em que o ser humano recebe um tratamento diferenciado, realmente é um conceito que só passou a existir com a ascensão social da burguesia. Classe emergente, a burguesia viu na educação dos pequenos a oportunidade de que necessitava para perpetuar sua ideologia, e na literatura infantil, a melhor forma de realizar esse intento.

É assim, diante dessa expectativa, que surge a literatura para crianças que, como diz Regina Zilberman (1982, p.40), "contribui para a preparação da elite cultural, através da reutilização do material literário oriundo de duas fontes distintas e contrapostas: a adaptação dos clássicos e dos contos de fadas de proveniência folclórica". Se os clássicos faziam parte do acervo cultural da classe dominante, os contos populares circulavam entre as pessoas da classe dominada. No entanto, mesmo não sendo histórias para crianças e não contribuindo para a educação de nobres e burgueses, os contos folclóricos, mais que os clássicos, passaram a ser usados no sistema educacional que o capitalismo burguês preparou e organizou para a nova sociedade que se instalava e se consolidava desde o século XVI. O fenômeno histórico-literário desencadeador desse processo foi, obviamente, a publicação da coletânea de Perrault em 1697, na França do Antigo Regime. Outro fenômeno de tal importância só surgiria mais de um século depois, em 1812, com os irmãos Grimm na Alemanha.

Desse modo os contos folclóricos, que antes poderiam representar a rejeição do camponês por suas condições de trabalho, ou a impossibilidade de transformá-las, no novo sistema educacional, segundo Zilberman (1982, p.41), "transmitem valores burgueses do tipo ético e religioso e conformam o jovem a um certo papel social". Para confirmar essa análise, basta examinar os versos com que, ao fim de cada conto da coletânea, Perrault transmitiu os valores sociais da classe a que pertencia, a alta burguesia, que dividia com a nobreza e o clero o direito de desfrutar os privilégios da classe dominante.

Pelo título original escolhido para a coletânea – *Histórias ou contos do tempo passado com moralidades* – já se percebe a intenção do poeta. Essa intenção, na verdade, era determinada pelos conceitos pedagógicos e religiosos da época. Aos 69 anos, destituído dos importantes cargos políticos que ocupara na corte, Perrault resolveu estudar pedagogia e cuidar da educação dos filhos. Membro de uma família de católicos radicais, com tendência ao jansenismo, ele logo viu nos contos folclóricos os elementos necessários à pregação da moral cristã-burguesa. E no tratamento literário dado à linguagem popular, não perdeu as oportunidades de "moralizar" as narrativas.

Nos contos em verso, a dedicatória e a moral, integradas ou não ao corpo do texto, dão conta da contextualização da história nas rodas sociais a que pertenciam Perrault e seus amigos. *Grisélidis*, talvez por ser o primeiro conto popular que o acadêmico transformou em poema, é apresentado com toda cautela e, logo nos primeiros versos, percebe-se que a galanteria (dedicatória) e a pedagogia (moral) são seus principais objetivos. O autor mostra ter plena consciência de que uma dama tão paciente quanto Grisélidis seria um "prodígio" em Paris. "Não que a paciência / Não seja uma virtude das damas de Paris / Mas com o tempo elas vão percebendo que é melhor / Que a paciência seja uma virtude dos maridos" (Perrault, 1989, p.186). A ironia é o melhor invólucro da lição de moral, pois a torna mais simpática e, por isso, mais fácil de ser absorvida. É também uma fineza do espírito, tão em voga na época.

Os últimos 24 versos de *Pele de Asno* são consagrados aos ensinamentos morais, todos eles mostrando que a paciência e a honestidade eram, para os nobres e burgueses do Antigo Regime, as virtudes máximas da mulher. E nos contos em prosa, os valores sociais estão em lições as mais variadas: os cuidados e preocupações com o "lobo" que pode seguir as mocinhas até seus aposentos, os ardores do sexo que não podem esperar "cem anos" pela noite de núpcias, a curiosidade feminina castigada, a astúcia premiada, o valor das palavras doces e delicadas, bem como da beleza, da graciosidade e da proteção divina. O último conto, *O Pequeno Polegar*, mostra a revanche do mais fraco, representado na história pelo irmão caçula. Essa revanche era a típica atitude dos burgueses, que compravam cargos na corte para se igualarem aos nobres, como é o caso da família Perrault.

Mas não são apenas os valores burgueses que estão presentes nos contos de fada. O historiador norte-americano Robert Darnton (1986), em *O grande massacre dos gatos*..., faz uma análise do significado dos contos populares franceses como elementos de identificação do "universo mental dos não iluminados". Criticando a interpretação psicanalítica de Fromm e Bettelheim, por se basearem em aspectos que não faziam parte das narrativas orais, Darnton (1986) atribui a esses dois autores uma "cegueira diante da dimensão histórica dos contos populares" (p.23). E aponta o exemplo de *Chapeuzinho*, em que o capuz vermelho é visto como um símbolo da menstruação e o pote de manteiga, como símbolo da virgindade, quando as pesquisas folclóricas já tinham comprovado que esses objetos não existiam na tradição oral, sendo portanto apenas criações literárias de Perrault. Para o historiador, os *Contos da Mamãe Gansa* devem ser vistos como documentos históricos, pois o poeta os recolheu da tradição folclórica, embora os tenha retocado "para atender ao gosto dos sofisticados frequentadores dos salões, 'précieuses' e cortesãos aos quais ele endereçou a primeira versão publicada de Mamãe Ganso" (ibidem, p.24).

Seguindo a linha francesa da "história das mentalidades", o pesquisador norte-americano vê nas histórias do povo não mensagens simbólicas, mas o retrato de um mundo cruel. Para Darnton, esse mundo deve ser interpretado por antropólogos e folcloristas, pois, em meio às ondas de psiquismo, a interpretação psicanalítica, ao ver apenas símbolos sexuais nos elementos das narrativas populares, "nos conduz para um universo mental que nunca existiu ou, pelo menos, que não existia antes do advento da psicanálise" (ibidem, p.23).

Diante do pressuposto de que os camponeses não precisavam de símbolos para falar de seus problemas, Darnton faz uma análise histórica e social dos contos franceses: "Longe de expressarem as imutáveis operações do ser interno do homem, sugerem que as próprias mentalidades mudaram. Podemos avaliar a distância entre nosso universo mental e o dos nossos ancestrais se nos imaginarmos pondo para dormir um filho contando-lhe a primitiva versão camponesa do Chapeuzinho Vermelho" (ibidem, p.26). Essa versão, recolhida pelos folcloristas, tem cenas de canibalismo. O lobo, já disfarçado de avó, oferece à menina carne e vinho, de que ela se serve sem saber que eram a carne e o sangue de sua própria avó.

Assim, para a interpretação histórica e social, se os contos têm como personagens crianças perdidas na floresta e devoradas por lobos é porque essa era a realidade vivida pelos pobres e explorados, entre os quais circulavam as histórias. Muitos pais eram obrigados a abandonar os filhos, ou mandá-los mendigar, por causa da extrema miséria, como acontece ainda em nossos dias. Se existem madrastas nos contos é porque a morte no parto era muito comum e os viúvos, cheios de filhos, eram obrigados a se casar novamente, embora soubessem que as madrastas maltratariam suas crianças. Para os camponeses, a vida era uma luta pela sobrevivência, situação que Perrault retrata magistralmente em *O Pequeno Polegar*. Convém lembrar que seu manuscrito é de 1695 e, um ano antes, a França tinha vivido uma de suas piores crises de miséria e fome da população.

Enquanto as rainhas dos contos tudo faziam para ter um filho, as mulheres pobres tinham vários, como a mãe do Pequeno Polegar, que teve sete. E mesmo sem poder sustentá-los, relutou muito antes de abandoná-los na floresta. Se reis, rainhas, príncipes e princesas são personagens constantes das histórias é porque eles estavam nos sonhos de felicidade dos oprimidos, eram a própria imagem da riqueza, do luxo e da opulência. Darnton vê, portanto, nos contos de fada, elementos de realismo e não de fantasia. Não que a narrativa fosse um retrato fiel da realidade, mas mostrava como viviam os moradores das aldeias, que muito provavelmente viam nos contos uma orientação de vida: "Mapeavam os caminhos do mundo e demonstravam a loucura de se esperar qualquer coisa além de crueldade, de uma ordem social cruel" (ibidem, p.59). A própria dedicatória da coletânea de Perrault (1989, p.242) dizia que os contos mostram "como vivem as pessoas do povo".

Mas nem por isso os contos incentivavam a revolta contra essa ordem social injusta, pelo contrário, ensinavam "uma maneira de lidar com a sociedade dura, em vez de uma forma de subvertê-la" (Darnton, 1986, p.86).

E foi aí que a ideologia burguesa viu a preciosa oportunidade de usar as histórias do povo como material de educação das crianças. Tanto os filhos dos donos do capital como os filhos dos donos da mão de obra deveriam ter, em narrativas cheias de encanto, os exemplos do conformismo necessário à manutenção da nova ordem social que se instalava. O auxílio divino, vindo através das fadas, colocava na receita a pitada necessária de sonho para dourar a pílula do conformismo. Prova disso é que em todos os contos escolhidos por Perrault, com exceção de *Chapeuzinho Vermelho*, o sonho de riqueza e felicidade se realiza.

Como se pode ver, através das interpretações dos linguistas, folcloristas, mitólogos, psicólogos, filósofos, historiadores e críticos literários, os mitos e contos de fada vão adquirindo diferentes significados. E todos esses significados realmente podem estar presentes nessas histórias que, como obra de arte, se revelam portadoras de múltiplos sentidos. De todos esses sentidos emerge uma visão do papel desempenhado pelas narrativas populares em todas as culturas: elas representam uma maneira de ver o mundo, uma ideologia que, apesar das diferenças entre o ontem e o hoje, tem permanecido inalterável ao longo do tempo.

Essa ideologia propõe um mundo em que os papéis sociais são determinados por poderes superiores (mágicos/divinos) e não podem ser mudados. A magia é o sonho que ajuda a suportar pacientemente os reveses da vida. Essa é a lição transmitida pelas fadas. No entanto, além dessa tarefa de ensinar o conformismo, elas desempenham uma outra função: preservar o poder feminino das comunidades primitivas, que o patriarcalismo judaico-cristão não conseguiu banir dos contos populares, por mais que lhes desse o tratamento literário e ideológico ditado por seus interesses.

Tem razão a literatura quando diz que está no encantamento da arte narrativa o motivo da perenidade dos contos de fada. Se não tivessem recebido um tratamento literário, em diferentes épocas, essas histórias com certeza teriam desaparecido. Têm razão a mitologia e a antropologia quando dizem que os contos de fada representam hoje os mitos primitivos. Assim como os antigos deuses, as fadas e bruxas continuam dirigindo os destinos humanos. Tem razão a psicologia quando diz que é o envolvimento emocional dos narradores, leitores e ouvintes que garante o encantamento produzido pela narrativa.

E têm razão historiadores, filósofos e críticos literários quando veem em todos esses fatores os elementos necessários para a transmissão de uma ideologia que, em cada época, se adaptou aos interesses do grupo social responsável pela reprodução e preservação das narrativas. No final do século XVII, quando já se definiam as características sociais que dariam à luz a Revolução Industrial, um membro da alta burguesia francesa criou a literatura infantil com uma pequena coletânea de contos populares, em que as fadas eram deusas, mães e mestras ao mesmo tempo. Essa obra, publicada, lida e apreciada ainda hoje, promoveu o encontro entre a ideologia dos dominantes e a dos dominados – essa é a análise do filósofo francês Marc Soriano (1968) em *Les contes de Perrault*: culture savante et traditions populaires.

PARTE II

A NARRATIVA POPULAR NO SÉCULO XVII: OS MISTÉRIOS DE PERRAULT

Os temas dos Contos de Perrault serão, nos seus mínimos detalhes, de Perrault? Alguns estudiosos têm tentado levantar dúvidas a esse respeito. Eu concordaria com eles e diria que não, que a maior parte dos contos, assim como a maior parte das fábulas de La Fontaine, já existia há longo tempo, seja sob a forma de mitos ou de lendas na memória das avós, das amas e dos estudiosos, seja em livros pouco reconhecidos e que provavelmente mereciam esse desconhecimento. Perrault tirou-os das sombras em que eles modorravam e, graças à maneira incomparável como os fez ressuscitar, graças à elegância da forma de que os revestiu, deu-lhes uma existência real e definitiva e os tornou imortais.

P. J. Stahl, Paris, 1862

4 QUEM FOI CHARLES PERRAULT?

Se são narrativas autenticamente populares,
como chegaram a nós através de Charles Perrault, esse grande burguês, que não demonstra-
va nenhuma simpatia pelo povo e que, como
assessor de Colbert, contribuiu durante vinte
anos com a construção do absolutismo?

Marc Soriano, Paris, 1970

Há três séculos, na França do Antigo Regime, em pleno reinado de Luís XIV, um pequeno livro contendo oito narrativas populares foi dedicado a uma sobrinha do rei e fez tanto sucesso,
que hoje todos o consideram o iniciador do que se conhece como
literatura infantil: o acervo de obras literárias dedicadas a crianças.
Numa época em que as histórias do povo só eram publicadas em
livretos de cordel, esse livro sai das mãos de Claude Barbin, editor
das obras literárias dos acadêmicos.

Esse fato por si só já é um mistério, mas outros mistérios também envolvem o nascimento desse pequeno livro, que até hoje
desperta o interesse de estudiosos de várias disciplinas. Muitas
das indagações a seu respeito continuam sem resposta, ou tiveram

respostas hipotéticas, como é o caso de sua autoria, atribuída a Charles Perrault. O mistério maior, porém, não é a autoria das adaptações literárias, e sim o fato de um poeta da Academia Francesa, que foi também um dos políticos mais importantes da corte de Luís XIV, ter publicado, em prosa simples e agradável, um livro de contos na época conhecidos como "contos de velha", "contos da cegonha" ou "contos da mamãe gansa". É como se uma fada tivesse predestinado o recém-nascido a uma vida de glórias e sucessos para sempre, como dizem as suas histórias.

Histórias ou contos do tempo passado com moralidades é o título da primeira edição desse livro, de 11 de janeiro de 1697, mas hoje todos o citam como *Contos da Mamãe Gansa*, inscrição da gravura que serviu de frontispício à edição original. Este era também o título do manuscrito de 1695, que só foi encontrado em 1953, quando foi a leilão e a França o perdeu. Hoje esse manuscrito se encontra em Nova York, onde foi publicado em edição fac-similar, em 1956. Fazem parte da coletânea: *A Bela Adormecida no Bosque, Chapeuzinho Vermelho, Barba Azul, Mestre Gato* ou *O Gato de Botas, As fadas, Cinderela* ou *O Sapatinho de Cristal, Riquê do Topete, O Pequeno Polegar*. No manuscrito só constavam os cinco primeiros.

Marc Soriano (1968) estudou profundamente, durante 17 anos, o fenômeno Perrault e chegou à conclusão de que o paradoxo digno de análises e pesquisas é o encontro entre a cultura erudita e as tradições populares no reinado absolutista de Luís XIV, que acabou fazendo surgir a literatura infantil. Só pode ser considerado paradoxal o fato de a literatura para crianças ter nascido da adaptação de contos folclóricos numa época em que as crianças eram alfabetizadas em latim. Os colégios, todos religiosos, só usavam o latim como língua, oral e escrita: a gramática e os textos literários eram latinos. Eram um verdadeiro "seminário", pois só eram aceitos os alunos do sexo masculino. O grande milagre, ou o grande acaso, foi o fato de um aluno dessa "escola latina" descobrir, aos 69 anos, que as crianças, obrigadas a estudar literatura romana, gostavam mesmo era das histórias contadas pelas amas, mães, tias ou avós, que sabiam fiar e narrar como ninguém.

Afinal, quem foi Charles Perrault e que razões o levaram a publicar, numa linguagem acessível às crianças e ao grande público, essa coletânea de contos folclóricos, numa época em que saber ler era um privilégio de nobres e burgueses? Teria ele imaginado que essa publicação marcaria o início da literatura infantil? E por que sua coletânea, surgida em meio a tantas outras versões literárias de contos populares, se tornou tão importante a ponto de apenas ela ser hoje lembrada? Para responder a todas essas questões é preciso buscar as origens do fenômeno, mediante um balanço histórico e cultural da vida e da época de Perrault. Esse balanço ele mesmo sentiu necessidade de fazer ao escrever suas memórias que, apesar da fragilidade do ponto de vista pessoal, são hoje estudadas como um importante documento.

UM FILHO DA BURGUESIA

Em 12 de janeiro de 1628, nasce em Paris Charles Perrault, filho de Pâquette Leclerc e Pierre Perrault, advogado do parlamento, ambos membros da alta burguesia que gravitava ao redor da nobreza à espera da oportunidade de comprar um cargo oficial na corte. Era o caçula de cinco irmãos, sendo os mais velhos Jean, Nicolas, Claude e Pierre. A família era católica e, aos 8 ou 9 anos, Charles entra para um colégio religioso onde, apesar das dificuldades da alfabetização em latim, torna-se logo um dos melhores alunos e começa a escrever seus primeiros versos latinos.

Aos 15 ou 16 anos, tendo chegado ao curso de filosofia, o jovem Perrault tem uma desavença com o professor e abandona o colégio, em companhia do colega Beaurain. Ambos continuam os estudos sozinhos, completando sua formação sem auxílio de mestres. Nessa fase autodidata leram as obras de Cícero, Virgílio e outros autores latinos em suas versões integrais, o que não teriam feito no colégio, que só usava fragmentos previamente escolhidos. Essa aventura levou-os a traduzir o sexto livro da *Eneida*, de Virgílio, em versos burlescos, auxiliados por Nicolas e Claude, irmãos mais velhos de Charles.

Alguns anos mais tarde, essa tradução é publicada com o título de *Os muros de Troia* ou *A origem do burlesco*, sob o nome de Charles Perrault, marcando o início de uma carreira literária que o levaria a tornar-se um dos grandes poetas do classicismo francês, ao lado de Racine, Corneille, Boileau, Molière, La Fontaine, La Bruyère, Fénelon e outros. Em 1635, Richelieu havia fundado a Academia Francesa cuja função seria direcionar a arte literária. Nos salões, o Hotel de Rambouillet à frente, as "preciosas" impõem a moda, as etiquetas sociais e as regras literárias.

Nesse ambiente surge, em 1654, a oportunidade de a família Perrault ocupar o seu espaço na corte. Dois anos após a morte do pai, Pierre reúne o patrimônio familiar disponível e compra o cargo de coletor de finanças, nomeando o irmão caçula como assessor. Charles era advogado como Jean, Nicolas era padre e Claude, médico e arquiteto. Para o modelo padrão de família burguesa, só estava faltando o político, função na qual se iniciava Pierre Perrault. Após a morte da mãe, em 1657, os irmãos resolvem melhorar o aspecto da propriedade que possuíam em Viry-sur-Orge, herança materna, que se torna um elegante local de reuniões, ou seja, uma espécie de *lobby* político e social.

Graças ao emprego que lhe garantira o irmão, uma verdadeira sinecura (a única obrigação era receber o pagamento), Charles se dedica inteiramente à leitura e à composição de poemas. Ficava assim também assegurada a presença da família Perrault nos círculos literários. Seguindo a moda dos salões, ele escreve *O retrato de Íris*, *Diálogo do amor e da amizade*, *O espelho* ou *A metamorfose de Oronte*. Compondo versos ao sabor das regras de um jogo de salão, como se fazia nos saraus das "preciosas", estaria Perrault apoiando a atividade intelectual das mulheres francesas? É uma questão a ser averiguada.

Não se pode afirmar com certeza que o poeta fosse um admirador ou um defensor das mulheres. Muito menos que se empolgasse com a liberação feminina. Na verdade, a presença nos salões literários garantia a oportunidade de manter relações sociais importantes, que lhe seriam úteis no momento necessário. E as regras poéticas aprendidas no convívio com as "preciosas" permitiam ao poeta a composição das odes comemorativas aos grandes feitos da corte, como o Tratado dos Pirineus, o casamento do rei, o nascimento do delfim. Esse gênero de poesia lhe poderia abrir as portas da carreira política, sonho de todo bom burguês.

Como esse poeta de salão se tornará assessor do poderoso ministro Colbert e conservará o cargo por vinte anos? E como durante esse tempo desempenhará as funções que o tornarão um dos artífices do absolutismo francês? E por que não é essa a imagem que ele pretende passar, quando fala de sua participação na corte? A imagem que ele constrói de si mesmo nas memórias é, ao contrário, a de um homem apolítico, exclusivamente preocupado com o bem da França e de seu povo.

Afinal a ideia de publicar os contos populares em prosa partirá do poeta, do político ou do pai de família preocupado com a educação dos filhos?

UM HOMEM DA CORTE

É preciso entender o que aconteceu na França desde o fim do reinado de Luís XIII e durante a minoridade de Luís XIV, quando Richelieu e Mazarino propõem os ideais do absolutismo, para avaliar a importância de Colbert e, consequentemente, do papel desempenhado pelo assessor Charles Perrault. Em nome da união entre a Igreja e o Estado, os dois cardeais definiram a monarquia absoluta como poder real de origem divina, e a nobreza e o clero decidiram os destinos do país e os rumos da educação.

O cardeal de Richelieu, primeiro ministro de Luís XIII desde 1624, teve uma administração marcada pela luta contra o poder político dos protestantes e pela reforma das finanças, do exército e da legislação. Idealizador do absolutismo, ele garantiu a centralização das decisões políticas. Amigo das letras, fundou a Academia Francesa. Ele sabia que a literatura podia ser uma grande aliada do poder real.

Luís XIV foi declarado rei da França em 1643, aos cinco anos, sob a regência da mãe, Ana de Áustria. O cardeal Mazarino, nomeado primeiro ministro por indicação de Richelieu, deu continuidade à sua linha política e teve de enfrentar a Fronda, guerra civil que abalou os alicerces da sociedade francesa entre 1648 e 1653. Pesquisas históricas recentes concluíram que a Fronda foi consequência inevitável dos ideais humanistas do Renascimento e da Reforma, que permitiram o questionamento das autoridades morais e políticas, enfraquecendo a base ideológica do regime.

Para não perder o prestígio, a nobreza e o clero tinham lançado a política de venda de cargos oficiais à burguesia, o que aumentou os encargos do povo que, afinal, pagava as contas dessas negociações. Assustada com a possibilidade de vitória dos revoltosos da Fronda, a burguesia, que a princípio incentivara o povo contra o autoritarismo da corte, acabou assumindo o partido dos aristocratas e permitindo o massacre dos camponeses, que marcou o fim dessa revolução frustrada. É nesse momento que a família Perrault compra o cargo de Pierre, tomando seu lugar no espaço conquistado pela burguesia.

Fouquet era o superintendente das finanças nesse período e amealhara uma imensa fortuna no cargo, sutilmente empregada na proteção dos homens de letras, La Fontaine, Molière e mesmo o iniciante Charles Perrault. Denunciado por Colbert ao rei, Fouquet foi preso e condenado, tendo cumprido dezenove anos de prisão, até a morte. Em 1661, após a morte de Mazarino, Luís XIV decide assumir pessoalmente o reino da França, aos 23 anos de idade.

Colbert, que era o homem de confiança de Mazarino, é nomeado para o cargo de Fouquet e, por indicação do poeta Chapelain, convida Perrault para sua equipe de trabalho, a "petite Académie", o que lhe dará direito a uma polpuda gratificação, além de aposentos em Versalhes e outras mordomias. Em 1664, Pierre Perrault, o coletor de finanças, de quem Charles era assessor há dez anos, usa indevidamente o dinheiro público para resolver suas dificuldades financeiras, e nem a amizade de Colbert o poupa da perda de cargo. Charles não consegue interceder em favor do irmão, mas sua presença na "petite Académie" cresce em importância, pois Colbert se torna superintendente das construções e controlador das finanças. As gratificações também crescem, compensando as perdas da família. O poeta é, agora, o primeiro assessor do ministro.

Ainda solteiro com quase quarenta anos, Charles Perrault é um dedicado funcionário, sempre à disposição do chefe, e com capacidade para bem desempenhar as ordens recebidas, qualidades que irão transformá-lo em braço direito de Colbert por vinte anos. E são as mais variadas as tarefas que ele cumpre como membro da "petite Académie", que nada mais era que o departamento de propaganda das glórias do rei. Ele preparava legendas e divisas de tapeçarias, medalhas, monumentos e esculturas, supervisionava as publicações da Imprensa Real, enfim, ajudava a garantir a sustentação ideológica do absolutismo, com o culto à pessoa do rei.

Após as desordens provocadas pela Fronda, o uso político da cultura, que vinha desde o século XVI, torna-se uma prioridade. As obras de arte deveriam contribuir para fortalecer e legitimar a monarquia absoluta e o sistema social que a sustentava. Há mesmo uma certa censura sobre a literatura de cordel, panfletos e gazetas, e a melhor maneira para que ela se exercesse era controlar os editores, tornando exclusividade do rei a concessão do direito de imprimir. E Perrault era o instrumento principal dessa política cultural voltada exclusivamente para os interesses reais.

Em 1672, o poeta se casa, aos 44 anos, com Marie Guichon, filha de um proprietário rural, depois de ter recebido de Colbert o cargo de controlador geral das construções e jardins, artes e manufaturas da França. O cargo, que ele não precisou comprar, lhe dava um bom rendimento por ano e o dote da noiva tinha sido razoável. O casamento contou com a presença da família Colbert e de outros nobres de reconhecido prestígio.

Do casamento nasceram quatro filhos: Charles-Samuel, Charles, Pierre Darmancour e uma menina cujo nome não se sabe, porque não há documentos a seu respeito, nem referências nas memórias do poeta. Dos arquivos oficiais constam apenas os registros de batismo dos três meninos. Mas ela é citada em uma obra de Mlle Lhéritier, sobrinha de Perrault. Após seis anos de casamento, Marie Guichon morre de varíola. Aos cinquenta anos, viúvo e com quatro filhos pequenos para criar, Perrault é um pai carinhoso e dedicado, segundo o depoimento de sua sobrinha. A menina, supostamente a mais velha, estava com cinco anos nessa ocasião e o caçula, Pierre Darmancour, com três meses.

Em 1680, Perrault para de receber seus proventos de primeiro assessor, substituído no cargo pelo filho de Colbert. Com a morte do ministro, em 1683, ele perde definitivamente o cargo de controlador das construções, que lhe é comprado e revendido pelo triplo do preço. Foi ainda excluído da "petite Académie", seu último posto oficial. Mas nesses vinte anos de homem da corte, Perrault teve o "privilégio" de participar ativamente das mais importantes decisões tomadas na França do século XVII, hoje conhecido como o Grande Século.

Colbert havia deixado sua marca em todos os domínios da administração pública, favorecendo com medidas protecionistas a agricultura, a indústria e o comércio, reorganizando as finanças, a justiça, o exército e incentivando as artes e as ciências. Perrault foi sempre seu homem de confiança, em todas essas atividades. Os anos de 1682-1683 marcam o início de uma reviravolta no reinado de Luís XIV. As sucessivas guerras, o luxo excessivo da corte e o absolutismo, representado pela famosa frase *"L'État c'est moi!"*, haviam levado o povo a um penoso estado de servidão e miséria e a nobreza, à falência. O Palácio de Versalhes, com toda sua pompa, era o símbolo da época.

UM MEMBRO DA ACADEMIA

No dia 23 de novembro de 1671, aos 43 anos, Charles Perrault, no auge de sua carreira política, é recebido na Academia Francesa, onde se tornará conhecido e respeitado graças à Querela dos Antigos e Modernos, em que enfrentará um acadêmico do porte de Boileau. A Academia, fundada por Richelieu em 1635, tinha a missão de dirigir o gosto literário, num momento em que os salões das "preciosas" impunham regras um tanto quanto tirânicas. Contra essa tirania vão-se insurgir aqueles que se tornariam os maiores representantes do classicismo francês: Racine e Corneille, na tragédia, Molière, na comédia, Boileau, na poesia, Bossuet, na oratória sacra, Descartes e Pascal, na filosofia. Do talento desses homens vinha o grande prestígio da literatura feita na Academia, sob os auspícios da corte.

Em 27 de janeiro de 1687, exatamente dez anos antes da publicação dos *Contos da Mamãe Gansa*, numa sessão da Academia para celebrar o restabelecimento do rei após uma cirurgia, o abade Lavau lê o poema de Perrault *O século de Luís, o Grande*, provocando de imediato a irritação de Boileau. Tem início a Querela dos Antigos e Modernos, envolvendo os mais importantes acadêmicos. No poema, Perrault propõe a tese de que o século de Luís, o Grande, é superior ao século de Augusto, mostrando os defeitos e erros dos antigos e as virtudes e acertos dos modernos. Para ele a natureza produz em todos os séculos homens geniais, mas os modernos são mais sábios que os antigos. Boileau, que durante a própria sessão já manifestara sua indignação, ganha como partidários: Racine, La Fontaine e La Bruyère. Perrault e Fontenelle logo constituem o partido dos modernos, defendido pelas "preciosas" e pela revista *Le Mercure Galant*.

Essa querela, segundo Soriano, não é uma simples disputa de erudição, como pode parecer, mas uma profunda oposição entre duas culturas: o politeísmo greco-latino e o monoteísmo judaico--cristão. Mas não era esse exatamente o pomo da discórdia entre Perrault e Boileau, ambos formados no mesmo colégio católico. As controvérsias em torno do assunto haviam começado, na verdade, bem antes da leitura do poema de Perrault. A cultura greco-latina era considerada de incontestável superioridade desde o Renascimento, mas ao longo do século XVII surgem novas ideias e vários artistas começam a se rebelar contra a imitação cega dos antigos. O desenvolvimento da filosofia e das ciências trouxera novas luzes para as conquistas do espírito humano. Os escritores cristãos, cansados do uso excessivo da mitologia pagã, começam a introduzir em suas obras os temas e figuras do cristianismo, por eles considerados superiores.

Um ano depois de iniciada a Querela, surge o primeiro volume do *Paralelo entre os antigos e os modernos*, de autoria de Perrault, falando sobre as ciências e as artes. Boileau e La Bruyère contra--atacam, o primeiro com uma sátira contra as mulheres, que se colocavam ao lado dos modernos. Perrault responde com a *Apologia das mulheres*. As disputas continuam e a trégua só vai surgir em 1694 quando, graças à habilidade de Racine, Perrault e Boileau se reconciliam publicamente numa sessão da Academia. Mas na verdade, o quarto volume do *Paralelo*, encerrando o assunto, só será publicado em 1697, quase ao mesmo tempo que os *Contos da Mamãe Gansa*. Em 1700 vem a público uma carta de Boileau, dirigida a Perrault, onde ele admite que o século XVII é superior, não a todos os séculos passados, mas a cada um em particular, e mesmo ao de Augusto.

A Querela envolveu ainda outras questões, além da produção artística e científica. Para os defensores dos modernos, os franceses deveriam valorizar não só seus escritores, mas também sua língua materna, o que implicava fundamentalmente a reivindicação do francês como língua do ensino. Era a querela do francês e do latim, e o principal argumento em favor da língua francesa era o fato de os romanos, ao assimilarem a cultura dos gregos, terem escrito em latim e não em grego. Mas Perrault não teve coragem de assumir explicitamente a defesa do francês contra o latim que, afinal, era a língua oficial da Igreja e da Universidade, dois monumentos irremovíveis. Suas ideias, porém, permitiram que outros o fizessem, começando o movimento pelo fim da alfabetização em latim. Em breve as obras dos clássicos latinos seriam substituídas nas escolas por adaptações modernas das antigas fábulas, lendas e narrativas folclóricas.

Além disso, a defesa do cristianismo, como ideal de humanidade mais puro e mais nobre que o paganismo, levou os partidários dos modernos a se insurgirem contra os valores morais da mitologia pagã. Essa postura teve uma consequência muito importante para a história dos *Contos da Mamãe Gansa*. O terceiro volume do *Paralelo*, de 1692, fala sobre a poesia e faz uma referência aos *Contos de Pele de Asno* e *da Mamãe Gansa*, os contos populares franceses, com uma moral mais elevada que a moral pagã. Um ano antes o abade Lavau lera na Academia *A marquesa de Salusses* ou *A paciência de Grisélidis*, o primeiro conto popular transformado em poema que Perrault submete à apreciação dos acadêmicos. A história da piedosa esposa, submissa a um marido cruel, era a ilustração perfeita para a tese da arte moral.

Enquanto se desenrolava a Querela, Perrault, agora apenas homem de letras e chefe de família, havia-se dedicado à educação dos filhos e à produção de seus poemas de louvor, como *Banquete dos deuses* (pelo nascimento do neto do rei), *Ao rei sobre a tomada de Mons, Ode aos novos convertidos* (pela revogação do Édito de Nantes), *Ode à Academia Francesa* e outros do gênero. Publica também poemas cristãos, como *São Paulino, Epístola sobre a penitência, A criação do mundo*. Mesmo afastado dos cargos oficiais, o acadêmico, por hábito ou por ideologia, continua a prestigiar a corte, seguindo agora também o caminho das reflexões cristãs. O catolicismo era a religião do rei, e essa foi a maneira que ele encontrou de se reafirmar perante a nobreza.

Em janeiro de 1697, vêm a público o quarto volume do *Paralelo* e a coletânea *Histórias ou contos do tempo passado com moralidades*, anunciados pela revista *Le Mercure Galant*. O primeiro, para encerrar a Querela, fala de astronomia, geografia, navegação, guerra, filosofia, música, medicina e outros assuntos semelhantes. Os contos, escritos numa prosa simples, falam de princesas, bruxas e fadas. Homem de letras, preocupado com a disputa intelectual, ou pai de família, preocupado com a educação dos filhos? Dessas duas imagens, qual corresponderá ao verdadeiro Charles Perrault de 69 anos? Só se pode saber com certeza qual foi a imagem que ficou para a posteridade. O defensor dos modernos só interessa aos estudiosos da cultura francesa, o contista interessa a todos que se preocupam com o binômio criança-leitura.

Logo após a publicação da coletânea, cujo "direito de imprimir" fora concedido a Pierre Darmancour, filho caçula do poeta, a família tem de enfrentar um grave problema. Envolvido em acidente fatal, de que resulta a morte de um companheiro, o jovem Perrault é enviado ao exército, onde morre três anos depois. O pai abandona a ideia de adaptar contos populares e retorna ao gênero poético da moda ditada pela corte: odes de louvor às façanhas do rei e aos valores cristãos. No dia 30 de abril de 1703, Perrault faz sua última aparição na Academia, apenas duas semanas antes de morrer, aos 75 anos de idade. As memórias, segundo ele dedicadas à leitura dos familiares, serão publicadas em 1757. Somente no ano de 1968 surgirão, em três volumes, as obras completas do poeta Charles Perrault, com apresentação do filósofo Marc Soriano.

5 QUEM ESCREVEU OS CONTOS DE PERRAULT?

Enquanto Perrault viveu, nenhuma edição dos contos em prosa foi por ele assinada. A partir de 1742 todas as edições trazem o seu nome.

Mary E. Stores, Paris, 1928

Nós publicamos, portanto, esse livro com o nome de alguém que nunca admitiu sua autoria e negligenciamos aquele que assinou a dedicatória e requereu o direito de imprimir.

Marc Soriano, Paris, 1968

Perguntar quem escreveu os contos de Perrault pode parecer estranho, ou até mesmo absurdo, para aqueles que não se aprofundaram nos mistérios que envolvem a publicação dessas narrativas populares no fim do século XVII, quando a França brilhava aos raios do Rei Sol. E a questão pode mesmo parecer pouco importante, como admite Soriano, mas o problema tem sido periodicamente levantado pelos pesquisadores que se debruçam sobre os *Contos da Mamãe Gansa*. Trata-se, portanto, de uma questão que não pode ser deixada de lado, pois "essa irritante querela reserva surpresas singulares" (Soriano, 1968, p.21). E nenhum estudo sobre Perrault e os contos pôde, nesses três séculos, ignorar o problema da paternidade da coletânea.

Que a origem dos contos seja a tradição oral, ou a literatura de cordel, ninguém duvida. Mas quem é o autor da adaptação literária desses contos? Charles Perrault, 69 anos, poeta da Academia e político da corte, que não assinou a publicação? Ou seu filho, Pierre Perrault Darmancour, 19 anos, cujo nome estava sob a dedicatória à sobrinha do rei? Há indícios a favor e contra as duas hipóteses e defensores para cada uma delas.

Desde a publicação da coletânea em 1697, esse problema da autoria dos textos despertou curiosidade e opiniões controversas. E ainda não está definitivamente resolvido, segundo Jean-Pierre Collinet (1981), embora muitas hipóteses tenham sido formuladas. O que porém não se põe em dúvida é que pertence a Charles Perrault, o político e poeta de grande prestígio, "o mérito de ter dado existência literária ao repertório de Mamãe Gansa" (Collinet, 1981, p.30).

O mistério é tão empolgante, que levou o filósofo Soriano a estudar Perrault e seus contos durante 17 anos, de 1950 a 1967. O problema da autoria dos textos, que ele só dá por resolvido ao fim das quinhentas páginas de seu livro, funciona como um "suspense", elemento responsável pelo ritmo de romance policial, que ele admite ter dado à obra: "Este trabalho me apaixonou e, confesso, tentei partilhar essa paixão com os leitores, mantendo-os em suspense. E por que não fazê-lo num estudo histórico e crítico? Os interesses humanos que aí se agitam seriam menores que os envolvidos na investigação de um crime ou de uma espionagem?" (Soriano, 1968, p.20). Para chegar a uma conclusão o "investigador" percorreu todos os caminhos possíveis, partindo da história e da crítica literária, passando pelo folclore, pelas sociologia, pedagogia e psicanálise, além de outras ciências humanas.

Se as pistas sobre o verdadeiro autor da coletânea não levam à análise literária dos contos ou aos seus mais profundos significados, podem no entanto levar à compreensão dos aspectos políticos, sociais e culturais que possibilitaram o insólito encontro entre a cultura erudita e as tradições populares, dando origem a esse pequeno livro que, para Soriano (1968, p.III-IV), é "uma obra de arte digna desse nome", além de ser também "o texto mais célebre e o mais publicado da literatura francesa".

A ORIGEM DA DÚVIDA

O que teria acontecido, na época, com os envolvidos na publicação dos *Contos da Mamãe Gansa*, para que ficasse a dúvida que até hoje intriga os estudiosos? E por que Charles Perrault não deixou nada escrito, nem mesmo em suas memórias, para que se esclarecesse o mistério? Se o poeta assinou os três contos em verso, publicados entre 1691 e 1695, por que não colocou seu nome na coletânea em prosa de 1697?

"Não parecerá estranho que uma criança sinta prazer em compor os contos desta coletânea, mas poderá surpreender a ousadia de vo-los oferecer" (Perrault, 1989, p.241). Essas palavras, que iniciavam a dedicatória assinada por P. Darmancour, pareciam não deixar dúvida quanto à autoria dos textos. Uma criança, que aos 19 anos não era tão criança assim, sentia prazer em escrever contos de origem popular e ousava oferecê-los à sobrinha do rei.

Mas as dúvidas logo apareceram, e pelas mais diferentes razões. A dedicatória fora feita, na verdade, dois anos antes, em 1695, num manuscrito ricamente encadernado em marroquim, com as armas da princesa, e ilustrado pelo pai, Charles Perrault. Nesse mesmo ano Mlle Lhéritier, sobrinha do poeta, dedica um de seus contos de *Obras mistas* a Mlle Perrault, pedindo-lhe que o apresente a seu irmão, para que ele o inclua entre os "*contes naïfs*" da coletânea que está preparando. Ainda nesse ano, surge a quarta edição dos *Contos em verso*, em cujo prefácio Charles Perrault insinua a pretensão de continuar publicando contos de origem popular. Chega mesmo a anunciar o conteúdo de um dos que apareceriam depois na coletânea. Esse anúncio, no mesmo ano da elaboração do manuscrito, denuncia claramente o envolvimento do pai na tarefa a que se dedicava o jovem Pierre: dar forma literária aos contos que ele ouvia das amas ou dos próprios familiares. E o fato de Perrault ter dado a três desses contos a forma literária em versos, que era a sua especialidade, comprova o seu interesse e simpatia por essas histórias do povo, que estavam em moda nos salões das "preciosas".

Em fevereiro do mesmo ano de 1695, a revista *Le Mercure Galant* publicava um conto cujo autor, dizia, era uma mulher que se iniciava na literatura. Um ano depois, em fevereiro de 1696, aparece na mesma revista *A Bela Adormecida no Bosque*, com a indicação de que se tratava de mais um conto da mesma pessoa que tinha escrito o anterior. E, com pequenas diferenças, tratava-se do mesmo texto que iniciaria a coletânea no ano seguinte. Alguns meses depois aparece na revista um comentário sobre *A Bela Adormecida no Bosque*, dizendo que seu autor era *"un fils de Maître"*.

Em 28 de outubro de 1696 é concedido ao senhor Darmancour o *"privilège du roi"* para a publicação da coletânea, que foi registrada no livro dos impressores de Paris, em 11 de janeiro de 1697, sob o título de *Histórias ou contos do tempo passado com moralidades*. E logo surgiram os comentários de amigos e conhecidos da família Perrault. Mesmo antes da publicação, relata Collinet (1981), o abade Dubos escreve a um amigo que Barbin está imprimindo alguns contos da mamãe gansa, escritos pelo poeta Perrault: "São bagatelas com as quais ele se divertia tempos atrás, para distrair os filhos" (p.27).

A edição de janeiro de 1697 da revista *Le Mercure Galant* anuncia o último volume do *Paralelo* de Charles Perrault e uma coletânea de contos do mesmo autor de *A Bela Adormecida*, publicados pela revista um ano antes. O editor diz ainda que o autor dos contos "quer que se saiba que ele apenas os reproduziu 'naïvement', da mesma maneira como os ouviu contar em sua infância. Os entendidos pretendem ... que seus autores são um número infinito de pais e mães, de avós, governantas e amas que, há mil anos talvez, vêm enriquecendo-os com algumas circunstâncias agradáveis, enquanto o que era mal colocado vai caindo no esquecimento" (Collinet, 1981, p.28).

A coletânea teve sucesso imediato. No mesmo ano Barbin a reedita e, na Holanda, os contos aparecem na *Coletânea Moetjens*, sem nome de autor, enquanto uma edição pirata os apresenta como obra do *"fils de Monsieur Perrault de l'Académie"*. Em 1707 a coletânea é publicada pela viúva Barbin com o título *Contes de Monsieur Perrault avec moralités*. Monsieur Perrault tanto podia ser o pai ou o filho. Ambos já estavam mortos e as dúvidas não se esclareciam. Mas o nome do filho, fato curioso, nunca apareceu na capa de nenhuma edição como autor da obra, mesmo assinando a dedicatória, mesmo tendo requerido o direito de imprimir. Outros dados ainda devem ser considerados no estudo do problema da autoria dessa famosa coletânea.

A REAÇÃO DA CRÍTICA E DO PÚBLICO

Ninguém duvidou, no século XVII, nem duvida hoje, de que os contos em verso – *Grisélidis*, *Pele de Asno*, *Os desejos ridículos* – tivessem sido escritos por Charles Perrault, pois eles sempre foram editados oficialmente sob sua autoria, embora circulassem antes da publicação em cópias manuscritas apócrifas. Mas hoje essas versões são pouco conhecidas, só fazendo parte das edições críticas. Tanto isso é verdade que *Pele de Asno*, o mais popular dos três contos, transformou-se numa versão em prosa (apócrifa, mas num estilo muito semelhante ao dos outros contos) a partir de 1781, incluída no livro *Contos de fadas*, que trazia o nome de Charles Perrault como autor. Mas somente as edições populares incluem hoje essa versão apócrifa entre os demais contos da coletânea.

Por ironia do destino, os contos cuja autoria Perrault admitiu não são hoje os que fazem a sua fama. E aqueles cuja paternidade ele jamais assumiu são publicados e estudados no mundo todo como *Contos de Perrault*. Mas se esses contos não tivessem conhecido tanta fama e notoriedade, a questão de sua autoria evidentemente não despertaria ainda hoje o interesse dos pesquisadores. Esse interesse, portanto, sempre esteve diretamente relacionado com a popularidade da coletânea. Desde sua primeira edição, esse pequeno livro agradou às crianças e ao grande público e chamou a atenção dos críticos, tendo-se transformado, na opinião de Soriano (1968, p.88), num dos "mais curiosos vespeiros da história da literatura".

Para penetrar no labirinto dos mistérios que envolvem a autoria dos *Contos da Mamãe Gansa*, tentando encontrar o fio de Ariadne, é preciso fazer um levantamento das opiniões e conclusões não só dos contemporâneos, mas também dos pósteros, interpretando-as segundo a ideologia de cada época. Foi o que fez Marc Soriano (1968), partindo das seguintes indagações: "Afinal o jovem Darmancour assume ou não a responsabilidade da publicação? Se ele assume, por que seu nome não aparece na capa ou na página de rosto, ao lado do título da obra?" (p.23). "E os contemporâneos? ... Acreditaram que Pierre Perrault Darmancour era realmente o autor dos Contos? Ou pensaram logo no pai?" (p.26).

Na verdade é preciso que se diga que, no fim do século XVII, não era incomum aparecer uma obra sem nome de autor mas com um prefácio assinado e um nome registrado no livro dos impressores. Mas essa coletânea, dedicada à sobrinha do rei e anunciada por uma revista de prestígio como *Le Mercure Galant*, não era, e nunca foi, uma obra como outra qualquer. Por isso logo surgiram indagações sobre sua paternidade. Soriano considera, no entanto, que a reação dos contemporâneos não esteve à altura do problema, pois ninguém se empenhou de fato em decifrar o enigma da autoria dessa obra-prima. Evidentemente porque ninguém, na época, poderia supor que a pequena coletânea seria um dia considerada uma obra-prima.

Entre as opiniões dos contemporâneos destacam-se, além das já citadas, as de François Gacon e do abade Faydit, ambos atribuindo ao jovem Perrault a autoria da coletânea. O abade de Villiers acha difícil acreditar que os contos tenham sido escritos pelo filho apenas, sem que o pai pusesse sua mão na obra. Já o abade Dubos não duvidou de que o autor fosse o pai.

Talvez o fato que melhor explique o pouco empenho em esclarecer as dúvidas, logo após a publicação da obra, seja o grave incidente em que se envolveu Pierre Perrault. Somente em nosso século, a partir de 1960, esse incidente pôde ser esclarecido. A descoberta de alguns documentos comprovou que, três meses após o lançamento da coletânea, o rapaz feriu mortalmente um companheiro, numa luta de espadas. Charles Perrault foi processado como responsável e condenado a pagar uma indenização. Pai dedicado e carinhoso, o poeta deve ter ficado muito abalado com o acontecimento. Por essa razão, sem dúvida, não o comenta em suas memórias. Encaminhado à carreira militar, o jovem morre três anos depois. Ao noticiar sua morte, *Le Mercure Galant* não faz a menor referência à coletânea, diz apenas que ele é filho do acadêmico Charles Perrault, cujas obras são muito apreciadas.

Esses fatos desagradáveis podem ter provocado o silêncio do pai e de alguns prováveis comentaristas da obra, além de ter feito desaparecer o entusiasmo do poeta pelos contos populares. Mas não influenciaram a reação do público. As crianças e os adultos não afeitos à leitura de obras eruditas continuaram amando os *Contos da Mamãe Gansa*, pela primeira vez publicados por um editor de prestígio, e numa linguagem simples, como a dos narradores populares, e poética, como a de um mestre da literatura.

Após a morte do poeta, em 1703, as edições da coletânea continuaram se sucedendo e logo o nome do jovem a quem se havia concedido o direito de imprimir foi esquecido, embora continuasse aparecendo sob a dedicatória. Isso significava, como diz Soriano (1968, p.35), "não uma troca de atribuição, mas uma dupla atribuição". Assim o nome que passou a figurar oficialmente na capa, como autor dos contos, foi Monsieur Perrault, no início do século XVIII, e Charles Perrault, a partir de 1742. *Contos da Mamãe Gansa* é o título adotado pelos críticos pois, entre mais de uma centena de edições europeias relacionadas por Soriano, apenas quatro o usaram como nome da coletânea, entre 1697 e 1989 (ano da coletânea por ele organizada): três no século XVIII e uma no século XIX. Entre essas está a primeira tradução inglesa, de 1729, que se intitulou *Mother Goose's Tales*.

No fim do século XVIII os contos, atribuídos a Charles Perrault, aparecem na famosa coleção "Le cabinet des fées", com 41 volumes, publicados de 1785 a 1789 em Amsterdã e Genebra. A coleção traz também uma notícia dizendo que Perrault atribuiu seus contos de fada ao filho, que era tenente do Regimento do Delfim. Durante o século XIX, o número de edições cresceu enormemente, de quatorze no século anterior passou para 64. A mais conhecida é de Hetzel, com ilustrações de Gustave Doré e introdução de P. J. Stahl (publicada em Paris, 1862). As edições populares do século XX deixaram de lado a dedicatória assinada por P. Darmancour e as moralidades em verso, e muitas se deram ao trabalho de adaptar os textos, alterando a pontuação, a distribuição dos parágrafos e as frases julgadas "obsoletas".

AS CHAVES DO ENIGMA

"Impossível negar o papel do pai, mas impossível também ignorar o do filho" (Soriano, 1968, p.364). Com essas palavras, que sugerem um trabalho a quatro mãos, Soriano parece dar por encerrada a polêmica em torno da paternidade dos Contos da Mamãe Gansa. Mas antes de chegar a essa conclusão, o pesquisador analisa exaustivamente todos os comentários feitos, em diferentes épocas, por estudiosos de diferentes disciplinas, sobre o intrincado problema. Esses estudos, na tentativa de interpretar o fenômeno cultural que foi o encontro entre Perrault e os contos populares, sempre deixam transparecer a visão de mundo que caracteriza cada época.

Os iluministas do século XVIII, por exemplo, não se interessaram pelo problema da autoria da coletânea, chegando mesmo a ignorá-la. Para D'Alembert e outros filósofos do século das Luzes, "Perrault é essencialmente o homem da Querela dos Antigos e Modernos, aquele que soube apresentar claramente, para o grande público, os argumentos em favor do progresso e que, enfim, conseguiu vencer seus adversários por julgar com discernimento o seu século" (apud Soriano, 1968, p.37). Ao lado da indiferença dos filósofos, o povo "continua a amar os Contos, e por isso eles se reeditam, embora a elite lhes reserve uma espécie de desprezo irônico" (p.39).

Com a explosão do romantismo na segunda década do século XIX , muda a posição dos intelectuais franceses em relação a Perrault. Ele é visto agora como um símbolo do nacionalismo, principalmente por ter-se colocado contra Boileau, cujo postura em favor da Antiguidade Clássica irrita profundamente os românticos. E a coletânea de contos folclóricos começa a ser estudada por causa do interesse pelas tradições do povo, voltando a questão da paternidade. O barão de Walckenaer se pronuncia a favor do pai como autor da coletânea. Ele teria usado o nome do filho apenas por uma questão de decoro, por achar mais apropriado que histórias para crianças fossem escritas por uma criança. O filho do poeta teria, para ele, apenas dez anos na ocasião.

No fim do século XIX e começo do XX novas disciplinas, no campo das ciências humanas, descobrem novos métodos de abordagem dos contos de origem popular. A sociologia, a antropologia, o folclore e a crítica literária buscam o rigor científico em suas pesquisas, estudando documentos oficiais, como os arquivos civis, que vão ajudar a esclarecer algumas das dúvidas sobre Perrault e seus contos. Surgem as edições críticas e os pesquisadores buscam outros caminhos e outros problemas além da paternidade da obra. O interesse pelos contos populares é cada vez maior. O número de estudos sobre o assunto publicados no século XX é três vezes maior que toda a publicação anterior, segundo o levantamento feito por Soriano.

Seguindo a linha metodológica dos que se interessam pela origem e significado mitológico dos contos folclóricos, Saintyves faz, em 1923, duas décadas antes de Propp, uma análise "ritualística" dos contos de Perrault, sem ter conseguido, porém, o mesmo sucesso do folclorista russo. Entre os psicanalistas, Erich Fromm interpreta a simbologia sexual do potinho de manteiga e do capuz vermelho da menina devorada pelo lobo. Sem desprezar a contribuição dos métodos comparatistas, sociológicos ou psicanalíticos, Soriano se preocupa com a necessidade de fugir das generalizações apressadas. E aponta o estudo do folclorista Paul Delarue, que destrói os argumentos freudianos de Fromm, como um exemplo de trabalho sério e competente, que "permite circunscrever a zona onde se situam os erros do método (psicanalítico)" (Soriano, 1968, p.47).

Mary Elisabeth Storer, em 1928, analisa os Contos à luz da moda dos contos de fada, que tomou conta da França de 1685 a 1700. Para ela, Charles Perrault é o autor da coletânea. O uso do nome do filho não passou de um "embuste literário", para fugir das críticas irônicas dos acadêmicos que não achavam o folclore digno dos salões da Academia. Nesse mesmo ano a Revue des Deux Mondes publica um estudo com o título "De quem são os contos de Perrault?" e o *Journal des Débats* responde com "Os contos de Perrault são de Charles Perrault".

A tendência nessa época era acreditar que o poeta, após escrever os contos, sentiu vergonha do seu trabalho e resolveu usar o nome do filho como anteparo para as críticas. Após a Segunda Guerra Mundial, porém, há uma renovação dos estudos folclóricos na França, que resolve admitir a validade das pesquisas desenvolvidas na Europa do Norte, como a *Morfologia do conto*, de Propp (1984). Novas perspectivas animam as pesquisas sobre o folclore francês e, consequentemente, sobre os contos de Perrault. Marie-Louise Tenèze e Paul Delarue organizam um catálogo das narrativas orais, recolhidas em diferentes regiões do país, à semelhança do catálogo de Aarne-Thompson, que era o resultado do primeiro modelo de classificação de tipos de contos, realizado na Finlândia em 1910.

Em 1950 Marc Soriano (1968) iniciava sua pesquisa, cujo objetivo primeiro era estudar "a coexistência, numa mesma consciência, dos conceitos científicos mais avançados e das superstições vindas de um passado longínquo, a contradição existente em cada um de nós entre o pensamento racional e o pensamento mágico" (p.7). A coletânea de Perrault pareceu-lhe então o exemplo mais concreto desse paradoxo: histórias de magia do século XVII, que ainda hoje são editadas, lidas e apreciadas. Em 1953 – *coup de théâtre* – o manuscrito de 1695 é encontrado e vendido, num leilão, para os americanos.

Jacques Barchilon, em Nova York, estuda os textos, publica uma edição fac-similar e atribui a autoria ao pai, Charles Perrault. O folclorista Paul Delarue e o filósofo Marc Soriano tiveram em mãos por algumas horas o manuscrito, e a conclusão é diferente: apesar de os contos se apresentarem como textos bem elaborados, revelando a interferência do pai, eles se conservam bastante fiéis às fontes orais, o que significa um trabalho de coleta do filho. O manuscrito, porém, executado por um copista profissional, não trouxe nenhuma prova em favor de um ou de outro, pois ele continha apenas as iniciais P. P. sob a dedicatória. Por ocasião da morte de

Perrault, a revista *Le Mercure Galant*, cujo diretor era seu amigo, dedica-lhe um longo necrológio, em que são mencionados os contos em prosa, menção que a revista não fizera ao anunciar a morte do jovem Pierre Darmancour.

Tendo em mãos todas essas chaves do enigma, Soriano chega à conclusão de que a famosa coletânea era realmente fruto de um trabalho de colaboração entre o pai e o filho. O jovem escrevia os contos como exercício de redação, incentivado pelo pai, que acabou se entusiasmando pela ideia de publicá-los. E para realizar esse intento, Perrault, consagrado homem de letras, não poderia deixar de dar sua contribuição para o aprimoramento da forma literária dos textos. Chegou até a ilustrá-los, com seus próprios desenhos, o que comprova seu profundo envolvimento no trabalho de preparação da coletânea. Após a morte do filho, o poeta desiste do trabalho de dar forma literária aos contos franceses, embora ainda conservasse algum interesse por narrativas do povo, pois faz uma tradução das fábulas latinas de Faerne. A pequena coletânea de 1697 fica sendo filha única de pai viúvo. "Tendo chegado a esse ponto, na ausência de dados históricos precisos, é possível ir mais longe?" (Soriano, 1968, p.364).

Jean-Pierre Collinet (1981) chega às mesmas conclusões: "Como sublinha o anúncio de *Le Mercure Galant*, essas 'histórias do tempo passado', criação coletiva, têm sua origem numa tradição imemorial. Charles Perrault, Dubos o atesta, começou contando-as para seus filhos. Elas serviram então de tema a Pierre, que as recolheu e passou para o papel, como nos diz Mlle Lhéritier. Surge a ideia da publicação, sob o nome do filho, a partir do seu trabalho, mas não sem uma revisão do pai. O texto que nós conhecemos, segundo a hipótese mais natural e mais verossímil, seria pois o resultado de uma simples colaboração, como já suspeitava desde 1699 o abade Villiers" (p.29).

O que mais resta concluir sobre a produção a quatro mãos? O gosto pelos contos e a simplicidade da linguagem seriam a parte do filho. A moral em versos e os comentários sobre costumes, moda, culinária e decoração, segundo o gosto da aristocracia e da burguesia francesa do século XVII, caberiam ao pai, assim como a profunda ironia em relação às fadas. A ironia seria o sinal do desprezo que esse grande burguês sentia pelas crenças do povo, apesar de sua inegável simpatia pelas narrativas. E de quem seria a decisão de "cristianizar" algumas passagens dos contos, fazendo os personagens agirem segundo as normas religiosas da época? Talvez dos próprios narradores populares. O que não deixa dúvida, finalmente, é que pertencem ao poeta os versos moralistas e os arranjos artísticos da frase literária.

6 DE ONDE VÊM OS CONTOS DE PERRAULT?

Essa bela simplicidade, essa divina ignorância da primeira idade, que só se encontra em obras literárias da antiguidade clássica, conservou-se, como o perfume de uma flor, nos contos e canções populares. Digamos logo ... que esses contos são absurdos. Se eles não fossem absurdos, não seriam encantadores.

Anatole France, Paris, 1885

Depois de todos os mistérios e polêmicas analisados, em torno da autoria dos *Contos da Mamãe Gansa* e das razões que levaram o grande burguês Charles Perrault a publicá-los, resta ainda analisar um dado importante, também envolto em mistérios. De onde vieram esses contos? Seriam os mais conhecidos na época ou os mais apreciados pelo jovem Perrault e seu pai? Teriam eles ouvido essas histórias das amas ou dos próprios familiares? Talvez as tivessem lido em livretos de cordel, publicados em grosseiro papel azul, como obras da *littérature bleue*.

Antes de analisar as pistas de cada conto em busca de respostas para essas perguntas, é preciso deixar claro, de antemão, que só há uma certeza irrefutável: a publicação da coletânea pelo editor dos acadêmicos, em 1697, abriu as portas da grande literatura para esses contos populares, que até então eram transmitidos oralmente ou publicados em papel azul. A partir da edição Barbin, que teve imediatamente uma excelente acolhida, esses contos de velha passaram a ser considerados obra literária e são editados até hoje, em todo o mundo, como obra de Charles Perrault. O filósofo Soriano chega mesmo a dizer que esse pequeno livro é uma das raras produções da literatura francesa a atingir e conservar um público internacional.

A partir do sucesso da coletânea de Perrault, os contos de origem popular tiveram seu prestígio garantido na sociedade burguesa e passaram a ser conhecidos como "contos de fada". Mas só existem fadas em quatro das oito histórias, e a bruxa (fada-má) só aparece em uma delas, embora esteja representada em outras pela madrasta (mãe-má). As princesas, ou camponesas que se tornam princesas, estão em cinco histórias. Pode-se falar em predominância dos papéis femininos nos contos de Perrault? Com certeza, já que as mulheres são personagem-título em quatro de oito histórias, além de terem papel de destaque em mais duas. Isso pode significar que Perrault era um defensor das mulheres e entusiasta da liberação feminina? A resposta é complexa e requer muitas considerações, mas não se pode negar que essa predominância das personagens femininas vem confirmar a tese de que as mulheres sempre tiveram um papel importante nas narrativas populares.

O estudo das origens dos contos de Perrault poderá comprovar também que neles estão todos os elementos já identificados e analisados nos mitos e contos de fada de um modo geral, desde os arquétipos do inconsciente coletivo até os valores sociais e morais, sejam eles dos aristocratas, dos burgueses ou dos camponeses. Esses oito contos falam dos prêmios e castigos que a sociedade patriarcal determinou para as mulheres, e também do poder feminino da antiga sociedade matriarcal. Mas, acima de tudo, eles mostram os modelos de comportamento que a ideologia familista da burguesia escolheu como ideais para as crianças e as mulheres: a submissão, o conformismo e a fragilidade. Todos esses elementos se tornam nítidos e claros quando se faz um levantamento das fontes primitivas dos contos.

O PODER FEMININO NAS MÃOS DAS FADAS

O papel das fadas, com seu poder de decisão sobre o destino das pessoas, está magistralmente representado em *A Bela Adormecida* e *Cinderela*, que se tornaram os mais conhecidos e apreciados entre os contos escolhidos por Perrault e seu filho. Em 1812, eles figuravam também na coletânea dos irmãos Grimm e, em nosso século, seu prestígio aumentou graças às versões cinematográficas de Walt Disney que, na Hollywood dos anos 40 e 50, deram vida às personagens por meio de desenhos animados, músicas e diálogos cheios de romantismo.

Quem conhece *A Bela Adormecida* apenas nas versões atuais, bastante reduzidas e bem próximas da versão cinematográfica, tem uma surpresa ao se encontrar com o texto original de Perrault. O conto de 1697 não termina no momento em que a princesa se casa com o príncipe, após ser despertada por um beijo de amor. O beijo de amor nem existe nessa primeira versão, e só vai aparecer mais de um século depois, com os irmãos Grimm, tendo sido imortalizado no século XX, em grande estilo, no *happy-end* de Disney.

No conto de Perrault o príncipe, ao entrar no quarto da jovem princesa que dormia há cem anos, ajoelha-se emocionado com sua beleza e, como já era chegado o momento determinado pelas fadas para se cumprir o destino, ela acorda e diz: "É você, meu príncipe? Como você demorou!" (Perrault, 1989, p.248). Então começa uma segunda parte da história. O príncipe esconde dos pais, por dois anos, o casamento com a princesa do bosque, que lhe dá dois filhos: Aurora e Sol. Assim agiu porque sua mãe era de uma família de bruxas e tinha sérias tendências a comer criancinhas. Quando o pai morre e ele assume o reino, traz a mulher e os filhos, mas em seguida parte para a guerra, deixando-os aos cuidados da rainha-mãe. Ela os leva para sua casa de campo e pede ao cozinheiro que os prepare, um de cada vez, para suas refeições. O cozinheiro, porém, engana a velha rainha, escondendo-os em sua casa. Quando ela descobre e se prepara para jogá-los num tonel cheio de répteis venenosos, o rei chega e a bruxa se atira às víboras.

Essa segunda parte da história é praticamente desconhecida no Brasil, aparecendo apenas nas raras traduções do texto integral de Perrault. Na França, alguns editores usam a história completa quando a edição é para jovens, e apenas a primeira parte quando é para crianças menores. A versão dos Grimm (1989) termina com o casamento da princesa e é essa que se tornou conhecida no Brasil, também por influência de Walt Disney.

Quanto às fontes de *A Bela Adormecida*, os pesquisadores citam algumas histórias escritas na Idade Média e até mesmo o mito de Cupido e Psiquê, que foi escrito por Apuleio no século II. O próprio Perrault faz referência à história de Psiquê, sem relacioná-la porém com a princesa adormecida do folclore francês. Se as outras fontes eram por ele conhecidas não se sabe, mas não se pode ignorá-las, pois na mitologia grega e nas lendas medievais estão vários dos motivos encontrados no seu conto. A vingança da fada que não foi convidada para o batizado da princesa está na história de Éris, furiosa por não ter sido convidada para as núpcias de Tétis e Peleu. Oráculos, parcas e fadas traçando o destino de recém-nascidos também estão em várias histórias antigas, além dos personagens adormecidos, como a princesa Zelandina, na história do rei Perceforest, do folclore britânico medieval.

Mas a fonte mais provável e mais próxima é o conto *O Sol, a Lua e Tália*, que está no *Pentameron* (1634-1636), do napolitano Giambattista Basile. Tália é uma princesa que, ao nascer, teve o futuro previsto por sábios e videntes. O grande perigo de sua vida seria uma farpa de linho que, apesar dos cuidados do rei, acabou se cravando sob sua unha e fazendo-a cair desfalecida. O rei colocou-a no trono e abandonou o castelo. Tempos depois passou por lá um outro rei que, ao ver Tália adormecida, apaixonou-se por ela mas não conseguiu despertá-la. Amou-a assim mesmo e foi-se embora, abandonando-a. Nove meses depois a princesa, ainda adormecida, deu à luz um casal de gêmeos, Sol e Lua, que se alimentavam em seus seios. Um dia um dos bebês sugou por engano o dedo da mãe, a farpa de linho se desprendeu e ela acordou. Assim a reencontrou o rei e o segredo não pôde manter-se por muito tempo. Sua esposa manda buscar as crianças e pede ao cozinheiro que as sirva na refeição do marido, ordem que evidentemente não foi cumprida. Quando pretendia jogar Tália no fogo, a rainha foi surpreendida pelo rei, que mandou matá-la, ficando com a princesa e seus filhos. Bettelheim acredita que Perrault se afastou dessa versão, fazendo a princesa acordar antes do amor e do parto, por razões religiosas, pois a inconsciência da personagem lembraria o dogma da Imaculada Conceição. Soriano analisa o fato, mas acha que o mais provável é que a alteração tenha sido feita pelos próprios narradores orais, em cujas versões Perrault se inspirou.

Entre os contos do folclore brasileiro de origem europeia, recolhidos por Sílvio Romero (1985), no fim do século passado, há uma versão – *O rei caçador* – em que a bela jovem encontrada no bosque não estava dormindo. O rei se apaixona por ela e nascem três crianças: Sol, Lua e Luar. Descoberto o romance, a rainha manda buscar a moça e as crianças, para dar cabo delas, mas a jovem resiste e a rainha acaba morrendo em sua própria armadilha. Essa história não tem fada nem predestinação, mas a rainha velha e ciumenta lembra a sogra de *A Bela Adormecida*, que por sua vez é uma bruxa. Sem dúvida, a disputa entre a mulher mais velha e a mais jovem é um dos principais arquétipos do mundo feminino.

O trabalho mais espetacular de uma fada, porém, está em *Cinderela*, onde a varinha de condão transforma uma abóbora em carruagem, ratos em cavalos e lagartos em lacaios. Esse conto representa também o mais belo sonho de toda donzela: casar-se com um príncipe e morar num palácio. *Cendrillon* na França, *Cenicienta* na Espanha, *Gatta Cenerentola* na Itália, *Gata Borralheira* em Portugal, *Maria Borralheira* no Brasil do século passado, e *Cinderela* no Brasil de hoje, na Inglaterra e nos Estados Unidos, a pobre menina maltrapilha e maltratada que se casa com um príncipe graças a um sapatinho perdido, é sem dúvida a personagem mais famosa dos contos de fada. O filme de Disney contribuiu para que ela se tornasse mais conhecida e mais amada, mas o poeta Perrault é o responsável por esse sucesso, pois o filme apenas transformou em imagens as suas criações literárias.

Faz parte da tradição oral de muitos povos o tema da noiva encontrada graças ao sapato, assim como o do irmão desprezado e relegado às cinzas. Borralho é o braseiro amortecido e coberto de cinzas, que fica no fogão depois que o fogo se apaga. E como se mantém o calor, os gatos gostam de se deitar junto ao borralho, donde o apelido de "Gata Borralheira". As pesquisas folclóricas já coletaram centenas de variantes em torno do mesmo tema. Em 1893, na Inglaterra, Marian Roalf Cox reuniu 345 contos do ciclo de Cinderela. No Brasil a versão mais conhecida é a de Perrault, com certeza por causa do filme.

No conto francês, *Cendrillon* (Cinzentinha) é chamada nos momentos de maior desprezo de *Cucendron* (Cu de cinzas). Maltratada pela madrasta e suas filhas, ela é uma menina dócil, sem nenhuma rebeldia, que não pede para ir ao baile e, sem esperar, é ajudada por sua fada-madrinha. A varinha mágica transforma suas roupas sujas em ricas e belas vestimentas de ouro e prata, complementadas pelos famosos sapatinhos de cristal, a criação genial de Perrault. Ao ser encontrada pelo príncipe, no final da história, ela não se vinga das irmãs maldosas. Pelo contrário, com toda sua bondade, leva-as para o palácio e casa-as com nobres da corte. O modelo perfeito de comportamento feminino.

A versão dos Grimm não tem sapatinho de cristal, não tem fada-madrinha e *Aschenputtel* (Menina das cinzas) não é tão dócil e bondosa. Ela diz à madrasta que também quer ir ao baile e, vendo que não consegue, vai chorar e se lamentar no túmulo da mãe. Então a seu pedido, a nogueira e o pássaro lhe dão o vestido para ir ao baile do príncipe. O sapatinho na primeira noite era de prata e, na terceira, de ouro. Quando ela é encontrada, vai embora com o príncipe, deixando a madrasta e as irmãs pálidas de inveja e de raiva. No dia das bodas o pássaro fura os olhos das duas irmãs, castigando-as pela maldade. Algumas edições, como a que foi traduzida no Brasil por Tatiana Belinky para as Edições Paulinas (1989), cortam a cena da vingança final, com certeza para amenizar a violência.

Na coletânea de Sílvio Romero (1985), a história de Maria Borralheira não tem nenhuma influência do texto de Perrault ou de Grimm e vem, sem dúvida, diretamente da tradição oral portuguesa, sem contaminação de versões literárias. O que há é uma contaminação do linguajar nordestino, pois o conto foi recolhido em Sergipe. O auxiliar mágico de Maria Borralheira é uma vaquinha, que sua mãe lhe deixara ao morrer. A vaquinha a consolava e executava todas as difíceis tarefas impostas pela madrasta. Ao tomar conhecimento do fato, a madrasta mandou matar o animal que, antes de morrer, deixou instruções para que fosse encontrada a varinha de condão que estava em sua barriga. Assim protegida, Maria Borralheira foi à festa da igreja, onde o filho do rei se apaixonou por ela. O príncipe a encontrou depois da festa graças ao chapim de ouro que ela deixou cair do pé. Há um conto russo, do mesmo ciclo, que também tem a vaquinha como auxiliar mágico. Num outro conto recolhido por Sílvio Romero – *A madrasta* – não há sapatinho nem casamento com príncipe, apenas o tema da madrasta malvada que enterra vivas as enteadas. O crime é descoberto porque os cabelos das duas meninas se transformam em capim que fala. As meninas se salvam, protegidas por Nossa Senhora, e a madrasta encontra o castigo na morte.

As fontes do ciclo de Cinderela vão desde o mito de Psiquê, passando pela lenda de Rodope, a bela egípcia que teve sua sandália levada por uma águia e deixada no colo de um faraó, que se torna seu marido, até as versões mais próximas de Perrault, que poderiam ter servido de base para seu texto, como *La Gatta Cenerentola* de Basile. A heroína napolitana, que se chama Zezolla e passa pelas mãos de duas madrastas, mata a primeira sob orientação da segunda, que na época era uma bondosa governanta. A segunda madrasta e suas seis filhas maltratam a jovem, levando-a do salão para a cozinha. Uma fada, que sai de dentro de uma árvore, ajuda-a a ir ao baile do rei, que se apaixona por ela. Na terceira noite ela perde o tamanquinho, que deverá ser experimentado, numa grande festa, por todas as mulheres. Quando Zezolla se aproxima do tamanquinho, ele se atira a seus pés, sem nenhuma ajuda e ela se torna rainha.

Soriano considera muito pouco provável a influência de Basile, em primeiro lugar porque não havia tradução do *Pentameron* na França e o napolitano era um dialeto difícil para os próprios italianos. E também por causa da grande diferença entre o estilo narrativo de um e de outro. Para ele, o poeta e seu filho se basearam nas versões orais para produzir seus contos. O que não se pode negar, porém, é que tanto em *Cinderela* como em *A Bela Adormecida* está presente o motivo da mulher jovem perseguida pela mulher mais velha, que aparece no mito de Psiquê castigada por Vênus, símbolo da disputa pelo poder feminino. A fada é a deusa-mãe-bondosa que protege e garante a felicidade para sempre. A bruxa é a deusa-madrasta-malvada que persegue e tenta impedir a realização da jovem. Ambas têm poder, mas o bem sempre é o vencedor, segundo a moral ingênua, por isso a felicidade está garantida. E a moral burguesa também.

PRÊMIO E CASTIGO PARA O SEXO FEMININO

Os prêmios e castigos para as boas e as más ações são a base da moral ingênua, que caracteriza as narrativas de origem popular. Por essa razão estão presentes em todos os contos de Perrault, mas em três deles – *Chapeuzinho Vermelho, Barba Azul, As fadas* – as mulheres recebem prêmios e castigos especiais, que mostram o modo como o sexo feminino é manipulado na sociedade patriarcal.

Chapeuzinho Vermelho é a única das histórias escolhidas para a coletânea que não tem um final feliz, sendo a heroína vítima de um castigo sem perdão. Por isso não é considerada propriamente um conto de fada, mas uma narrativa exemplar ou conto de advertência. "É pra te comer – e dizendo essas palavras o lobo mau se jogou sobre a menina e a comeu" (Perrault, 1989, p.256). É assim que termina o conto de Perrault, ao passo que na versão dos Grimm aparece um caçador que tira a avó e a neta da barriga do lobo, enchendo-a em seguida de pedras. Com o peso das pedras o lobo cai e morre, recebendo o castigo dos maus.

EM BUSCA DOS CONTOS PERDIDOS   95

Por que razão essa história teria sido incluída na coletânea, entre as outras que terminam todas com a vitória do bem sobre o mal? Se é um conto de advertência, a morte da personagem seria um castigo pelos erros cometidos, mas na versão de Perrault a menina não comete erro algum, não desobedece à mãe que, por sua vez, não lhe faz nenhuma advertência. Já na versão alemã, a mãe adverte a menina para que ande direitinho e não se afaste do caminho, ela a desobedece mas não é punida com a morte. O primeiro seria então um conto de advertência com punição, mas sem advertência e sem desobediência. E o segundo, um conto de advertência com desobediência, mas sem punição. Incoerências ou simples recursos de estilo? Ou de ideologia? Nas versões orais do fim do século XVII a história terminaria mal, ou esse desfecho teria sido opção de Perrault e seu filho? E no início do século XIX, como seria a versão oral ouvida pelos irmãos Grimm?

Como a coletânea alemã foi publicada em 1812, em plena explosão do romantismo, muitos quiseram ver nesse final feliz a influência dos ideais românticos. Mas foi sempre reconhecida a fidelidade dos Grimm ao folclore alemão. Tanto isso é verdade que dois contos – *Barba Azul* e *O Gato de Botas* – que faziam parte da primeira coletânea foram depois excluídos por serem de origem francesa. Se *Chapeuzinho Vermelho* permaneceu é porque sua versão foi considerada desvinculada da versão francesa, embora mantivesse o título criado por Perrault. Não há a menor dúvida, porém, de que as duas versões têm a mesma procedência. O que deve ter acontecido é que os próprios narradores populares acrescentaram o final feliz, para amenizar a violência, como acontece nas versões atuais, em que a avó se esconde no armário e a menina foge do lobo. A versão conhecida hoje no Brasil é a dos Grimm, evidentemente por essa razão.

Outra particularidade de *Chapeuzinho Vermelho* é que ele é o único conto da coletânea vindo diretamente da tradição oral. Não se conhece nenhuma versão escrita anterior a Perrault. Citando uma pesquisa do folclorista Delarue, Soriano afirma que entre os franceses circulavam duas versões orais da história da menina e o lobo, uma que terminava com a morte da menina e outra em que ela escapava do lobo enganando-o, sem auxílio de ninguém. A primeira está reproduzida no trabalho do historiador americano Robert Darnton sobre os contos franceses. Nessa versão há um ato de antropofagia, revelando um grau bem mais elevado de violência. Antes de comer a menina, o lobo manda-a servir-se de carne e vinho, e ela assim o faz, enquanto um gatinho diz: "Menina perdida! Comer a carne e beber o sangue de sua avó!" (Darnton, 1986, p.22).

Para o filósofo francês, a versão dos Grimm é originária da França, onde o enorme sucesso do livro de Perrault fez que sua versão fosse amplamente divulgada e incorporada pela literatura de cordel, tendo mesmo o seu texto influenciado a própria tradição oral, que passou a se referir à menina como "Chapeuzinho Vermelho", nome usado pela primeira vez no conto do poeta. O final feliz do folclore alemão seria contaminação de outra história, a do lobo e os sete cabritinhos, em que a cabra-mãe corta a barriga do lobo e coloca pedras em seu lugar. Não se pode esquecer, porém, de que Jeannette Hassenpflug, vizinha e amiga dos folcloristas Jacob e Wilhem Grimm, exímia contadora de histórias, era descendente de franceses.

Bettelheim acha que o conto tem fontes antigas, com elementos que remontam ao mito de Cronos devorando os filhos, que escaparam de seu estômago, deixando pedras em seu lugar. Cita ainda uma história latina do ano de 1023, em que uma menininha é descoberta na companhia de lobos, usando um manto vermelho. Mas o conto de Perrault está muito distante dessas fontes primitivas para que se possa ver alguma relação, mesmo porque o capuz vermelho é criação literária do autor, não existindo em nenhuma das versões orais recolhidas pelos folcloristas.

O conto *Barba Azul* hoje está excluído das histórias infantis, nas edições brasileiras, não só por causa da violência, mas principalmente por não ter personagens crianças. É apenas uma história de casamento malsucedido, pela prática bárbara do marido que matava as esposas e colecionava os cadáveres. O motivo central é a curiosidade feminina castigada, motivo comum nos contos populares, como se a curiosidade fosse uma prerrogativa das mulheres. É o preconceito machista falando pela boca dos contadores de histórias. E Barba Azul é a imagem e o modelo perfeito do marido sádico: entregava à mulher todas as chaves da casa, mostrando uma que não deveria ser usada, pois num dos quartos ela não deveria jamais entrar. E ficava esperando o momento de guardar mais um cadáver no quarto proibido. Mas no fim a heroína é salva da morte e herda uma grande fortuna, porque reza e pede a proteção divina.

Embora haja algumas fontes escritas com tema semelhante, os pesquisadores concordam que a versão de Perrault veio diretamente da tradição oral, sem que se possa no entanto precisar qual a versão que predominava na França no fim do século XVII. Ao que parece, havia três narrativas orais sobre o tema. Numa delas, três irmãs eram raptadas por um monstro e, depois de violarem o segredo do quarto proibido, conseguiam escapar. A versão mais semelhante à de Perrault era a da mulher que, depois de entrar no quarto misterioso, era salva da morte pelos familiares. E havia uma terceira versão, cristianizada, em que não existia quarto proibido, apenas duas irmãs, levadas por um demônio, que se salvavam graças ao auxílio divino.

O conto de Perrault também tem elementos cristãos. A esposa, no momento em que está para ser degolada, pede um tempo para fazer suas orações. Na versão oral, a heroína, nesse momento, se fecha em seu quarto por ordem do marido carrasco e vai tirando, ou colocando, as peças de roupa, uma a uma, para manter o suspense até que os irmãos venham salvá-la. Em todas as versões o marido é punido com a morte e o castigo da curiosidade não passa de um susto, para a heroína, embora outras mulheres tivessem morrido antes dela por causa da curiosidade.

Alguns pesquisadores tentaram identificar quem seria esse fidalgo que matava as esposas, considerando que os maridos cruéis não eram raros nos tempos medievais. Muitos são os apontados, desde o cavalheiro que assou no espeto o coração da esposa até o marido que manteve a mulher viva, num sepulcro, durante vários anos. Mas a relação mais plausível é com o rei da Inglaterra, Henrique VIII, famoso matador de mulheres. Ele foi vencido pela astúcia de uma mulher, assim como o rei Xeriar, das *Mil e uma noites*, que também mandava matar as mulheres, foi vencido por Xerazade e suas histórias encantadas.

As fadas é a história em que ficam mais evidentes o prêmio para a personagem bondosa e o castigo para a maldosa. Enquanto o castigo é o abandono e a morte, o prêmio obviamente é o casamento com um príncipe. O tema das duas irmãs, uma bonita e boa, a outra feia e má, que recebem prêmio e castigo das fadas, é encontrado no folclore de quase todos os povos europeus, com algumas variações. No conto de Perrault, a moça bonita e delicada, mas maltratada pela mãe, encontra uma pobre velha, quando vai à fonte buscar água. Trata-a educadamente e recebe o dom de, a cada palavra proferida, soltar pela boca uma flor ou uma pedra preciosa. A irmã malvada e preferida pela mãe, para quem a fada aparece como uma rica dama, trata-a muito mal e recebe como castigo o dom de soltar pela boca sapos e serpentes. Esses dons levariam a primeira ao casamento com o príncipe e a segunda, à solidão e morte.

Essa história hoje é praticamente desconhecida no Brasil, principalmente pelos mais jovens. Mas na coletânea de Sílvio Romero, os seus elementos estão na história de Maria Borralheira, num caso raro de contaminação entre os dois temas. Depois que a vaquinha morre, seguindo suas instruções, a menina ajuda um velho, que era Nosso Senhor, e limpa a casa de três velhas. Como prêmio, ganha chapins de ouro nos pés, uma estrela de ouro na testa e faíscas de ouro saindo da boca ao falar. A madrasta desejou que suas filhas tivessem os mesmos dons, mas Maria Borralheira mandou-as fazer tudo ao contrário e elas ganharam cascos de cavalo nos pés, um rabo na testa e estrume saindo pela boca.

Na coletânea dos Grimm há uma história desse ciclo, *Dona Ola*, em que a moça bondosa fica coberta de ouro e a maldosa, coberta de piche. Na novela italiana de Straparola, em *Noites prazerosas* (1550-1553), a jovem premiada deixa cair joias dos cabelos e flores das mãos, enquanto a outra é devorada por piolhos. No *Pentameron*, de Basile, há duas histórias sobre o mesmo tema. Numa delas a heroína, como no conto alemão, desce ao fundo de um poço, em busca de seu cesto, e aí encontra as fadas. Na outra, são duas primas que recebem o prêmio e o castigo. A bondosa vê rosas e jasmins saindo de sua boca, pedras preciosas caindo de seus cabelos e violetas nascendo a seus pés. A maldosa vê sua boca espumando como a de uma mula, sua cabeça cheia de vermes e seus pés semeando plantas venenosas.

Soriano considera o texto da coletânea francesa de uma extrema simplicidade e singeleza, especialmente se comparado com os textos de Basile, cheios de detalhes grotescos. Se essas histórias chegaram ao seu conhecimento, não se pode dizer que lhe tenham servido de modelo. Mais uma vez o poeta e seu filho devem ter-se baseado em narrativas orais, embora haja um detalhe a ser considerado. Mlle Lhéritier publicou uma história semelhante a essa em 1695, apresentando-a como uma fábula gaulesa que ela ouviu em criança, de uma senhora muito versada em histórias antigas. Ao que tudo indica, tanto o poeta como sua sobrinha ouviram a mesma história, mas a reproduziram em estilos bem diferentes, sendo a de Perrault bastante simplificada. *As fadas* e *Chapeuzinho Vermelho* são os dois textos mais curtos da coletânea, e também os dois contos em que há uma quase exclusividade das personagens femininas. Sem contar o lobo, não há nenhum homem na história de Chapeuzinho, e na história das duas irmãs só há o príncipe, que aparece apenas no finalzinho, como prêmio da moça educada e bondosa. Desse modo, premiando as bem comportadas e castigando as que fogem ao padrão imposto pela sociedade, os contos vão transmitindo lições de moral para as mulheres e as crianças.

A SUBMISSÃO FEMININA NA SOCIEDADE PATRIARCAL

O Gato de Botas, *Riquê do Topete* e *O Pequeno Polegar* são as três histórias em que as mulheres têm papel mais insignificante, ou seja, em que fica patente a submissão das mulheres aos desígnios dos homens. No primeiro não há fadas, o auxiliar mágico é um gato e a princesa só aparece para, sem dizer uma palavra, apaixonar-se pelo filho do moleiro e fazer dele um príncipe. No segundo, embora a princesa ocupe um bom espaço na trama narrativa e tente agir por conta própria, ela será sempre conduzida pela vontade do príncipe que se tornará seu esposo. Finalmente, no terceiro e último conto da coletânea, não há fada nem princesa, as personagens femininas são a mãe dos meninos e a mulher do gigante, sempre dominadas pelos maridos.

Para *O Gato de Botas* há várias fontes literárias. Entre as histórias recolhidas na Itália por Straparola, há uma versão muito semelhante à de Perrault. Uma viúva da Boêmia, ao morrer, deixa apenas uma gamela e um cilindro de fazer pão para os dois filhos mais velhos e uma gata para o caçula. Os mais velhos emprestavam os utensílios domésticos para os vizinhos e recebiam pães e bolos, que comiam sem dar nenhum pedaço para o mais novo. A gata, que era uma fada, resolve ajudar seu amo Constantino a se transformar num homem rico e bem-sucedido. E começa a agradar o rei, levando-lhe presentes de seu amo, até que resolve preparar um falso afogamento de Constantino, para que o rei o conduza a seu castelo, onde ele se casa com a princesa, sem saber para onde vai levá-la. A gata diz para ele não se preocupar e vai à frente da carruagem, convencendo os camponeses a dizerem que aquelas terras eram de Constantino, o Afortunado. Ao chegar a um castelo usou o mesmo artifício e, assim que a comitiva real chegou, o rapaz tornou-se dono de tudo, pois o verdadeiro proprietário acabara de morrer num acidente em viagem. No fim da história Constantino se torna o rei da Boêmia.

Todos esses elementos estão no conto de Perrault, com a diferença de que o rapaz é filho de um moleiro e o gato usa artifícios mais engenhosos. Para conseguir que seu dono se torne proprietário do castelo de um gigante, ele o engana, fazendo-o transformar-se num rato e devorando-o em seguida. Nas duas versões a princesa é apenas um instrumento para a realização do personagem masculino. Como as duas narrativas são muito semelhantes, seria fácil concluir que este é um conto de origem literária, sendo a coletânea de Straparola, traduzida na França em 1576, sua fonte direta. Mas essa seria uma conclusão muito simplista.

Há outras fontes para a história do gato mágico no folclore europeu, como o conto norueguês *Mestre Pedro*, em que o gato, depois de transformar o amo em rei, pede-lhe que corte sua cabeça, tornando-se assim uma princesa, com quem ele se casa. A novela de Basile – *Gagliuso* – tem um outro fim. Quando o gato termina sua missão de enriquecer o amo, este diz que lhe será eternamente agradecido. O gato resolve testar esse sentimento de gratidão e finge-se de morto, ouvindo o amo dizer à esposa para jogá-lo por cima do muro. Revoltado, amaldiçoa a todos e vai embora sem aceitar o pedido de perdão. Existe ainda uma história de Nicolas de Troyes, de 1553, em que o gato faz a fortuna de seu dono usando apenas seu instinto de caçador, para proteger as refeições de um rei contra os ataques dos ratos.

Mesmo com todas essas fontes escritas, Soriano acha que foi numa versão oral que Perrault se baseou para escrever o seu conto. O argumento para essa conclusão é o estilo narrativo do texto, bem diferente do estilo dos textos italianos, por exemplo, longe do espírito dramático de Straparola e da prolixidade burlesca de Basile. O texto de Perrault consegue a proeza de ser fiel ao folclore e criativo ao mesmo tempo, ingênuo e malicioso na justa medida. Mesmo excluído pelos Grimm de sua coletânea, por ser um conto francês, O *Gato de Botas* continua a ser inserido entre seus contos, como é o caso da edição austríaca, usada por Tatiana Belinky para a tradução brasileira que fez para as Edições Paulinas (1989). Com diferenças mínimas, é a mesma história de Perrault, o gato usando botas, detalhe que foi criado pelo poeta e seu filho.

Em relação ao conto *Riquê do Topete* existe uma dúvida específica: conto popular ou criação literária? A polêmica se instalou entre os pesquisadores e a tendência é acreditar que esta é a única história da coletânea de Perrault que não vem da tradição oral. Por que pai e filho teriam resolvido incluir entre os seus contos um que não fosse do folclore francês, se todos os outros revelam no estilo narrativo a intenção de imitar os contadores de história? Perrault (1989) teria inventado a história do príncipe "tão feio e tão mal acabado, que por muito tempo se duvidou que ele fosse um ser humano?" (p.280). No Brasil, essa história hoje está excluída das edições infantis, figurando apenas naquelas que traduzem integralmente os textos de Perrault.

O que se sabe ao certo é que nas pesquisas folclóricas não foi encontrada nenhuma narrativa oral com esse tema, que não se encontra também na coletânea brasileira de Sílvio Romero. Por essa razão, a história do príncipe feio e inteligente é vista como uma elaboração literária a partir do ciclo do noivo-animal. Mas o personagem de Perrault não é um animal, é apenas um príncipe muito feio, corcunda, manco e com um enorme topete na testa, mas muito amável e inteligente, e com o dom de transmitir inteligência à pessoa por quem ele se apaixonasse. A princesa por quem ele se apaixonou era linda e pouco inteligente, mas também tinha um dom: transmitir beleza a quem ela amasse. A mesma fada dera o dom ao príncipe e à princesa, que deveriam se encontrar e se casar, formando o par perfeito, ambos lindos e inteligentes, como determinava o figurino social. Mas no fim da história o narrador dá a entender que não houve de fato uma transformação mágica do príncipe. Embora a princesa tivesse realmente ficado inteligente, o príncipe apenas parecia bonito aos olhos de sua amada, que "não enxergou mais a disformidade do seu corpo, nem a feiura de seu rosto..." (Perrault, 1989, p.285).

Se o conto não tem similar na tradição popular, de onde teria vindo então? Em 1934 foi descoberto um outro conto com o mesmo nome, no livro *Inês de Córdoba* de Mlle Bernard, publicado em 1696. Collinet não tem dúvida de que essa foi a fonte de inspiração de Perrault, embora as duas histórias não sejam assim tão parecidas. No conto de Mlle Bernard, o personagem é o rei dos gnomos subterrâneos e ensina uma jovem bela e estúpida a se tornar inteligente. Um ano depois, ela se vê transportada às entranhas da terra e descobre que só continuaria inteligente se se casasse com o pequeno monstro. Assim o faz, mas o trai com um antigo pretendente, o marido descobre e condena a esposa a ser inteligente apenas durante a noite. Ela continua a se encontrar com o amante enquanto o marido dorme, até ele descobrir e transformar o rival num gnomo. Ela não sabe mais qual é o marido e qual o amante. Um estranho castigo para uma esposa infiel.

O tema aparece também no conto *Ricdin-Ricdon*, de Mlle Lhéritier, sendo este porém mais parecido com o *Rumpelstilsequim* dos irmãos Grimm, que pertence ao ciclo do nome-do-auxiliar-mágico. Mlle Lhéritier era sobrinha de Perrault e Mlle Bernard, sobrinha de Fontenelle, todos frequentadores dos mesmos salões literários. Soriano pergunta: não poderiam os três contos ser o resultado de um jogo de salão, um tipo de concurso em torno de um tema para criações literárias, como era moda na época? Impossível saber o que realmente aconteceu. A única certeza é que este é o mais literário dos contos de Perrault, ou seja, o mais distante das tradições populares e, talvez por isso mesmo, o conto que teve menos sucesso. E é também o conto que mostra, de forma mais evidente, a ideologia burguesa em relação às mulheres: elas deveriam ser sempre lindas, mas inteligentes apenas se os maridos assim o desejassem e permitissem.

Em O Pequeno Polegar estão misturados dois temas folclóricos, num tipo raro de contaminação: o tema das crianças abandonadas na floresta e o da pequenez do personagem. O primeiro está em João e Maria na coletânea dos Grimm, onde O Pequeno Polegar é uma história bem diferente, centrada exclusivamente no tamanho diminuto do personagem, semelhante ao Tom Thumb dos ingleses. O tema do personagem pequenino como um polegar ou como um grão de milho está presente na tradição oral de vários povos. Na Grécia é um grão-de-pimenta e na África um pequeno-cabeça--grande. Na coletânea de Andersen há um conto, Polegarina ou Polegarzinha, que fala de uma minúscula menina nascida, por artes de uma bruxa, dentro de uma tulipa.

No Pentameron de Basile, os pequenininhos são dois, Nenillo e Nenilla, vítimas de uma madrasta malvada que força o pai das crianças e abandoná-las na floresta. Uma trilha de cinzas os leva de volta ao lar, mas, na segunda vez, um asno come o farelo espalhado pelo caminho e eles se perdem. A menina é levada por um pirata, que naufraga com toda a família, e ela é engolida por um peixe, em cujo ventre encontra vastos campos e um castelo. Seu irmão, encontrado pelo rei dentro do tronco de uma árvore, torna-se garçom dos banquetes reais. Reencontrando-se no fim da história, eles voltam para casa e o pai sente-se castigado, enquanto a madrasta é colocada num tonel que rola do alto de uma montanha.

No conto de Perrault, o tema do personagem diminuto é abandonado logo no início da história, pois todas as peripécias e bravuras do Pequeno Polegar não têm nada a ver com seu tamanho, predominando então o tema das crianças abandonadas na floresta. Eram sete filhos de um pobre lenhador e o herói é o caçula que, ao nascer, não era maior do que um polegar. A partir daí ele se transforma no irmão desprezado que acaba se tornando o mais esperto e o mais valente de todos. Esse motivo é ressaltado na moral da história: "Se um dos filhos é fraco e não diz uma palavra / Todos o desprezam, o censuram e o maltratam / Mas às vezes é exatamente esse pequeno idiota / Que fará a felicidade de toda a família" (Perrault, 1989, p.293).

A revanche do mais fraco é um tema folclórico por excelência e faz parte da tradição oral de todos os povos, representando sempre o desejo de vingança contra os fortes, poderosos e opressores. No folclore russo se destaca um conto em que o pequenininho é o caçula de 31 irmãos, que nasceram de ovos recolhidos pelo pai na floresta e chocados pela mãe, que tivera um sonho premonitório. Esse pequenininho, que depois se torna um rapaz normal, como no conto de Perrault, vai ser o amparo dos pais na velhice e o salvador dos irmãos, embora sempre perseguido por eles, assim como no mito bíblico de José e seus irmãos, filhos de Jacó. No conto russo, o herói luta contra a Baba-Iaga que, como em Perrault, corta a cabeça das suas próprias filhas, graças à esperteza do caçula, alertado do perigo por seu cavalo falante. A história é bastante longa e o herói é submetido a várias provas vencendo todas com a ajuda do cavalo, que é o auxiliar mágico. No fim ele derrota o rei e se casa com sua noiva, a bela jovem que navegava num barco de ouro e tinha poderes mágicos.

Entre os contos brasileiros de origem europeia, coletados por Sílvio Romero no fim do século passado, não há nenhum com personagem pequenino, mas as crianças perdidas na floresta estão em *João mais Maria*, que mistura vários temas. Os dois irmãos encontrados na floresta por uma velha feiticeira, depois de assá-la no forno, instruídos por Nossa Senhora, ficam morando em sua casa, protegidos por três cães de guarda que tinham saído da cabeça da velha. Maria arruma um namorado que planeja matar João, mas ele é salvo pelos cães e vai embora, abandonando a irmã. Na fuga, por obra dos três cães, ele salva uma princesa das garras de um monstro de sete cabeças. No fim ele só se casa com a bela princesa depois de provar que era seu verdadeiro salvador, mostrando as pontas das sete línguas do monstro. O casamento com a princesa é sempre o símbolo máximo da vitória do mais fraco, mas não é isso o que acontece no conto de Perrault. Pequeno Polegar fica rico, mas, inexplicavelmente, não se casa com ninguém.

Esse é o conto mais realista da coletânea, o único que fala da miséria do povo, ao mostrar os pais sendo obrigados a abandonar os filhos por não poder alimentá-los. É comum as histórias folclóricas usarem elementos de uma determinada época e local, para contextualizar os fatos. Assim como o *Tom Thumb* dos ingleses nasceu por vontade do mago Merlin e se tornou cavaleiro do rei Artur, o conto de Perrault faz referência à grande fome que tomou conta do povo francês em 1694 e 1695, exatamente quando a coletânea estava sendo elaborada. É um caso típico de tema folclórico adaptado às características da época. No fim da história, Pequeno Polegar se torna um eficiente mensageiro, graças às botas de sete léguas do gigante, e sua principal fonte de renda eram as cartas dos amantes: "uma infinidade de damas lhe davam tudo que ele queria para ter notícias de seus amantes..." (Perrault, 1989, p.293). E ele acabou comprando cargos oficiais recém-criados para seu pai e seus irmãos, a imagem da França do século XVII, retratada na própria história da família Perrault.

O Pequeno Polegar e *Chapeuzinho Vermelho* são os únicos contos da coletânea que não têm príncipe nem princesa e que não terminam com a felicidade eterna do casamento. Não há também auxiliar mágico nesses dois contos. As botas de sete léguas do gigante, das quais o Pequeno Polegar se apodera, não são responsáveis pela salvação das crianças, elas se salvaram graças à esperteza do caçula. As botas serviram apenas para o enriquecimento de Polegar e sua família, e mesmo assim foi sua astúcia que o levou a apoderar-se do tesouro do gigante, ou a ficar rico como correio ambulante. Os dois finais são apresentados como possíveis variações da história, o que comprova a coexistência dos dois finais na tradição oral, e também a astúcia do adaptador. Quanto ao tratamento dado às personagens femininas, tanto a mãe dos meninos como a mulher do gigante são ridicularizadas em sua condição de esposa e, embora tentem controlar os maridos, são totalmente dominadas por eles, como determinava a moral burguesa.

Apresentando as fadas, mulheres divinas, boas ou más, como símbolo do poder feminino e as mulheres terrenas, premiadas ou castigadas, como símbolo da submissão ao poder masculino, os contos de Perrault cumprem uma dupla função: preservam os temas mitológicos da Antiguidade e transmitem a ideologia familista da classe burguesa que, no fim do século XVII, já se preparava para assumir o poder.

PARTE III

CONTOS DA MAMÃE GANSA: A ARTE DA CRIANÇA E O MUNDO DA MULHER

Construindo, a partir das formas mais simples da narratividade, sequências, papéis, encadeamentos de situações cada vez mais complexas e diferenciadas, lançamos as bases de uma classificação dos tipos de narrativa; além disso, definimos um quadro de referência para o estudo comparado desses comportamentos que, sempre idênticos na sua estrutura fundamental, se diversificam ao infinito, segundo um jogo de combinações e de opções inesgotável, segundo as culturas, as épocas, os gêneros, as escolas, os estilos pessoais.

Claude Brémond, Paris, 1966

7 COMO SE ESTRUTURAM OS TEXTOS?

> Todos os contos de magia são monotípicos quanto à construção.
>
> *Propp*, Leningrado, 1928

> Vemos que entre o folclore e a literatura não só existe íntima ligação, mas que o folclore, como tal, é um fenômeno de natureza literária. Ele é uma das formas de criação poética.
>
> *Propp*, Leningrado, 1946

Textos escritos há três séculos, que sobrevivem inteiros e ainda hoje são lidos com prazer pelo grande público, infantil e adulto. Um milagre da literatura, numa linguagem dirigida à criança, ou uma lição de vida, ressaltando o papel social da mulher? Qual dessas hipóteses explicaria a perenidade dos contos de Perrault? Do fim do século XVII ao fim do século XX , as ações e os personagens têm transmitido sempre os mesmos significados? E a linguagem tem permanecido sempre a mesma?

Como histórias da tradição oral, os contos recolhidos pelo poeta e seu filho, na França do Antigo Regime, têm uma estrutura narrativa linear, em que a sequência da narração é igual à sequência dos fatos, caracterizando a narrativa em ordem cronológica, a forma mais antiga de narrar, herdada da literatura oral. Nenhuma criação artística individual existe, portanto, no plano da estrutura narrativa dos contos, isto é, na construção da trama das ações que formam o enredo. É no plano da linguagem, no nível da manifestação, ou seja, do estilo do narrador, que o artista dá a sua contribuição ao adaptar histórias de origem folclórica.

O plano da estrutura narrativa das histórias populares já foi suficientemente estudado por Propp, Lévi-Strauss, Greimas e Brémond, na linha estruturalista do nosso século, como comprovam seus estudos em *Análise estrutural da narrativa*, coletânea organizada por R. Barthes (1973). Mas o estilo linguístico das adaptações literárias dessas histórias permanece ainda um campo inexplorado, ou insuficientemente explorado. E é exatamente o estudo do estilo pessoal do adaptador que poderia trazer luzes sobre o fenômeno da sobrevivência, em nossos dias, de histórias criadas há milênios e escritas há séculos.

Em seu longo estudo sobre os contos de Perrault, Marc Soriano (1968), mesmo não sendo especialista em literatura, analisou a adaptação literária dos textos de tal maneira que tornou possível detectar alguns dos elementos responsáveis por sua forma linguística. Collinet (1981), num simples prefácio de apresentação, também apontou características do estilo de Perrault que podem ajudar a explicar não só o grande sucesso de sua coletânea, mas também os significados de sua contribuição artística.

Uma análise desses elementos pode levar à comprovação de que os textos de Perrault nos falam do significado das funções femininas na sociedade e do significado das funções culturais da narrativa mítica. Num e noutro se consolida a ideologia familista da classe burguesa, que definia seu papel social no século XVII.

UMA ESTRUTURA NARRATIVA LINEAR

Quais seriam as funções culturais da narrativa mítica? O uso dos mitos e contos de fada em todas as culturas, como já foi ressaltado, sempre teve o objetivo de preservar as bases morais e ideológicas da sociedade. Para isso, as narrativas apresentam uma sequência de fatos acontecidos com determinadas personagens, num tempo e espaço indeterminado, por meio da língua oral ou escrita, segundo um código que supõe combinações, oposições, substituições, caracterizações, como qualquer sistema de significação. É a partir desse código que os contos populares criam um universo imaginário, habitado por personagens com características preestabelecidas, universo que se dá a conhecer por meio de uma narrativa linear, a forma mais primitiva de narração, marcada pela simplicidade de sua estrutura. E foi esse código que permitiu a Perrault a publicação da coletânea de 1697, cujo sucesso marcaria o início da literatura infantil.

Para analisar a estrutura narrativa dos *Contos da Mamãe Gansa* é indispensável, ainda hoje, recorrer às teorias estruturalistas, pois continuam válidos os seus estudos sobre mitos e contos populares. Ao analisar cem contos de magia do folclore russo, Propp (1984) chegou à conclusão de que neles existiam "grandezas constantes e grandezas variáveis" (p.25), o que se revela pelo fato de as ações dos personagens – as funções – serem sempre as mesmas, variando apenas, de um conto para outro, os nomes e os atributos desses personagens. Foi-lhe possível, assim, estabelecer que os personagens do conto maravilhoso, por mais diferentes que sejam, realizam sempre as mesmas ações, fato que já fora observado pelos historiadores das religiões nos mitos e crenças, mas não pelos estudiosos dos contos populares.

Não será possível encontrar nos contos de Perrault as 31 funções identificadas pelo folclorista russo (possibilidade por ele prevista), já que os contos franceses têm uma estrutura bastante simplificada. Mas as funções mais significativas, em sua sequência tradicional, são facilmente detectadas. Assim, as nove primeiras das funções proppianas – afastamento, proibição, transgressão, interrogatório, informação, ardil, cumplicidade, dano e mediação – estão presentes em quase todos os contos e são arrematadas pelo casamento, que é a última função nos contos russos. Estão ausentes as funções de número 10 a 29, que especificam a maneira como a mediação se realiza, geralmente por meio de uma luta entre o mediador e o agressor ou de provas a que se submete o herói. Teria sido o simples desejo de simplificar as narrativas a razão dessa ausência, ou haveria outras razões para essa decisão? A punição do malfeitor, trigésima função proppiana, não aparece em todos os contos, fato que também intriga os estudiosos do assunto.

Para estudar a ocorrência das funções estipuladas não será imprescindível apontá-las em cada uma das histórias da coletânea, pois essas funções serão vistas, neste trabalho, como elementos de identificação da interferência cultural da época em que os contos foram escritos. Foi, sem dúvida, uma contribuição inestimável do folclorista russo a determinação das funções narrativas como fatores constantes nos contos populares, constituindo suas unidades estruturais. Mas as suas pesquisas pós-estruturalistas vieram provar que o estudo desses contos não deve restringir-se a vê-los simplesmente como uma sequência de ações, determinada por um código de criação coletiva. Portanto a análise proppiana da estrutura narrativa dos contos de Perrault, neste estudo, tem um objetivo maior, que é a tentativa de desvendar os significados das funções femininas.

Logo de início, a primeira função – afastamento – definida pela frase "um dos membros da família sai de casa" (Propp, 1984, p.35), é facilmente reconhecida em várias passagens dos contos. Morre a mãe de Cinderela, os pais da Bela Adormecida estão longe do castelo, quando ela espeta o dedo no fuso, Barba Azul viaja a negócios e Chapeuzinho vai levar doces para a avó, enquanto Pequeno Polegar e seus irmãos são abandonados na floresta. O afastamento sempre traz consequências desastrosas, representando com perfeição, para a ideologia familista burguesa, a importância da presença dos pais e da família para proteger as mulheres e as crianças. Estimulado ideologicamente pelo Estado absolutista, e depois pelo liberalismo burguês, difundiu-se, segundo Regina Zilberman (1982, p.16), "um conceito de estrutura familiar privada, desvinculada de compromissos mais estreitos com o grupo social e dedicada à preservação dos filhos e do afeto interno, bem como de sua intimidade". Os contos reforçavam a ideologia.

As funções que se seguem a essa primeira formam pares: duas situações interdependentes. O primeiro par – proibição/transgressão – introduz na história a figura do antagonista, que será considerado o agressor ou malfeitor, cujo papel, para Propp (1984, p.33), "consiste em destruir a paz da família feliz, em provocar alguma desgraça, em causar dano, prejuízo". O malfeitor pode ser a bruxa, a madrasta, os irmãos invejosos, e até mesmo o marido e os próprios pais, por contingências psíquicas ou sociais. As proibições assim se manifestam: não tocar num fuso, não se afastar do borralho, não entrar no quarto proibido, não ser bonita ou inteligente ou, simplesmente, não voltar para casa. A desobediência a essas ordens transformará o personagem transgressor em vítima da perseguição e vingança do malfeitor. No caso de Chapeuzinho, a proibição não está explícita, pois a mãe não faz nenhuma advertência à filha. Propp analisa essa possibilidade, definindo-a como "um aspecto transformado da proibição" (ibidem, p.32), que é a ordem ou proposta (levar doces à avó). A transgressão é o desvio no cumprimento da ordem. Nessas sequências de ações está implícita a necessidade da obediência, da não transgressão das ordens recebidas, mesmo que essas ordens sejam absurdas, preceito muito caro à moral burguesa.

Os próximos pares de funções – interrogatório/informação e ardil/cumplicidade – vão mostrar a fragilidade e a ingenuidade do protagonista, que se deixará envolver pela astúcia do antagonista, fornecendo-lhe a informação desejada e tornando-se, assim, vítima e cúmplice do ardil preparado para destruí-lo. O lobo interroga Chapeuzinho e ela lhe informa o lugar para onde vai, deitando-se com ele depois, ao encontrá-lo na cama da avó. Barba Azul pergunta à mulher onde está a chave manchada de sangue e o gigante sente cheiro de carne fresca e interpela a mulher, que estava escondendo o Pequeno Polegar e seus irmãos. Em todas as situações, a vítima, direta ou indiretamente, é cúmplice da maldade do agressor, assim como Eva foi cúmplice da serpente no ardil que teve como consequência a perda do paraíso. Além de vítima, o personagem se torna culpado, justificando o castigo.

O par dano/mediação introduz o herói do conto, que será o mediador, aquele que vai reparar o dano ou a carência do protagonista. Este herói, embora conte com a ajuda das fadas (mulheres divinas), será sempre um personagem masculino. É o príncipe que salva a Bela Adormecida, Cinderela e a irmã bondosa, ou os irmãos que salvam a mulher de Barba Azul. O papel desse herói, porém, não é muito ressaltado nos contos franceses, pois ele não enfrenta grandes combates com o malfeitor nem é submetido a duras provas, como nos contos russos estudados por Propp. Mas a sua presença na trama narrativa marca o papel social do homem: protetor e defensor das mulheres.

A punição do malfeitor está na morte do antagonista, como acontece com Barba Azul e a sogra de Bela Adormecida, ou na perda do objeto da maldade, como as botas de sete léguas do gigante, que também foi castigado ao matar suas próprias filhas. Cinderela, em vez de punir as irmãs invejosas, concede-lhes o prêmio de um casamento nobre e Polegar torna seus pais ricos, ocorrendo uma inversão que enobrece o protagonista, pois o agressor é "magnanimamente perdoado" (ibidem, p.58). Em alguns contos não ocorre a punição nem o perdão do malfeitor, como é o caso do lobo e dos irmãos mais velhos do filho do moleiro que se transformou em Marquês de Carabá. Mas os exemplos de maus castigados são suficientes para a moral ingênua, tão ao gosto da burguesia.

O casamento, representando o prêmio merecido depois de muitos sofrimentos e perigos, encerra gloriosamente a trajetória do protagonista. Com exceção de Chapeuzinho e Polegar, todos os personagens principais dos contos de Perrault encontram a felicidade eterna no casamento com o príncipe ou com a princesa. O caso de Polegar foi previsto por Propp: "Às vezes o herói recebe, em lugar da mão da princesa, uma recompensa em dinheiro ou uma compensação de outro tipo" (ibidem, p.59). A morte de Chapeuzinho, no fim da história, se explica pelo fato de não se tratar propriamente de um conto de magia, pois não há fada nem outro auxiliar mágico qualquer.

Diante desta análise das funções narrativas como elementos estruturantes dos contos de Perrault, caberia uma pergunta. Se para a ideologia burguesa as crianças e as mulheres eram os símbolos da fragilidade e da dependência, como explicar o fato de elas serem personagens principais na maioria das histórias? Perrault nunca escondeu que as narrativas populares eram por ele consideradas "invólucros" das lições de moral, pelo contrário, fez questão de deixar isso bem claro no prefácio do seu *Contos em verso*. Esse destaque dado aos personagens frágeis e dependentes foi, sem dúvida, uma tentativa de exaltar seus papéis sociais, no momento em que se definia a ideologia familista que, para os burgueses, era uma forma sutil de dominação através da valorização. A análise de outros elementos estruturantes, nos contos publicados no reinado de Luís XIV, poderá ajudar a decifrar o enigma.

UMA LINGUAGEM ARTÍSTICA

Deixem para os folcloristas a tarefa de etiquetar, numerar e catalogar os temas e para os antropólogos, o estudo do significado dos arquétipos do imaginário. Os etnólogos se encarregam de procurar uma explicação nos rituais de iniciação ou na liturgia das festas sazonais. Os comparatistas vão às fontes bretãs, germânicas, hindus. Os estruturalistas, nas pegadas de Propp, definem a morfologia do conto. Aqueles que, como Marc Soriano, se interessam pelo conjunto das ciências humanas, renovam a abordagem, aprofundam o questionamento à luz da psicanálise. Os psicólogos de crianças usam Cinderela com fins educacionais e terapêuticos. A partir dessas considerações, Jean-Pierre Collinet (1981) faz a sua crítica: "Essas investigações, sempre apaixonadas, às vezes ousadas, apresentam o inconveniente de não estudar jamais o texto de Perrault em si mesmo, como uma obra literária, em sua especificidade, e quase sempre o confundem com outras versões. Limitemo-nos, modestamente, a relembrar algumas das características pelas quais ele se diferencia" (p.32). Essa é a proposta do professor da Universidade de Dijon, ao estudar, ainda que despretenciosamente, a arte de Perrault.

Seu estudo, na verdade um breve comentário, identifica como contribuição artística do poeta o uso das histórias da tradição oral, em versões cheias de criatividade pessoal, para produzir uma *Comédie Humaine avant la lettre*, onde se destaca o imaginário da época, "que permite à magia enraizar-se no cotidiano" (ibidem). Apontando algumas passagens das histórias, o autor atribui ao texto de Perrault a extraordinária proeza de ter unido o feérico e o real para penetrar nos segredos do mundo familiar, com seus conflitos, suas necessidades e seus cuidados. O maravilhoso é usado com sobriedade e o humor comprova a distância a que o poeta se mantém dos procedimentos mágicos, que são sempre ironizados. Esse distanciamento faz dos textos de Perrault uma criação artística pessoal que, na medida exata, com uma prosa voluntariamente límpida, consegue usar o mundo da magia para reproduzir racionalmente o mundo da sociedade francesa do fim do século XVII, segundo as regras da corte e da moral burguesa.

Essa análise de Collinet leva à conclusão de que a interferência dos padrões sociais da época em que os contos foram escritos (tempo da enunciação) fez com que o discurso do narrador (enunciado) se definisse literariamente por dois objetivos: dirigir-se a um determinado tipo de receptor (a criança) e transmitir um determinado código moral (a ideologia familista burguesa). Por isso a linguagem é ao mesmo tempo simples como a dos narradores populares e literariamente trabalhada como a dos poetas, para que o prazer da leitura (função poética da linguagem) facilitasse a recepção da mensagem, como bem definiu o próprio Perrault (1989), ao dizer que os contos "encerram uma moral útil, e o estilo agradável com que eles foram contados foi a forma escolhida para fazê-los entrar suavemente no espírito, de maneira a instruir e divertir ao mesmo tempo" (p.181). Um processo perfeito de comunicação.

Embora o trabalho de Soriano tenha sido incluído por Collinet entre aqueles que não se atêm aos textos de Perrault, é nele que estão mais bem delineadas as características do estilo pessoal da adaptação literária dos *Contos da Mamãe Gansa*. Essas características estão definidas em três linhas de ação. Os fatos são narrados em prosa simples e singela, como a dos narradores do povo. A ironia, expressa por meio de um fino humor, ridiculariza tanto as mulheres do mundo mágico como as do mundo real. O racionalismo põe a pitada necessária de verossimilhança para que, com a ajuda de um certo "cartesianismo", o encantamento não se desmorone.

Além disso, para deixar patenteada a sua contribuição pessoal, Perrault acrescentou a cada história uma "criação literária" que a marcou para sempre: o bosque encantado da Bela Adormecida, o capuz vermelho da menina devorada pelo lobo, a barba azul do marido cruel, as botas do gato, a fonte da fada, o sapatinho de cristal de Cinderela, o topete do príncipe Riquê, as botas de sete léguas do Pequeno Polegar. Nenhum desses detalhes existia na tradição oral antes de Perrault mas, pelo acerto do sutil "achado literário", foram de tal maneira incorporados aos personagens que acabaram sendo assimilados pela literatura de cordel e pelos próprios narradores orais. E foi com essas características que a tradição oral alemã apresentou aos irmãos Grimm, no século XIX, alguns desses personagens, como Chapeuzinho Vermelho, Barba Azul e o Gato de Botas.

Quanto à linguagem simples e ingênua, próxima da fala do povo e das crianças, não há dúvida de que só um bom artista seria capaz de criá-la. Quem lê os textos de Perrault, no original em língua francesa ou numa boa tradução, tem a impressão de estar ouvindo um velho contador de história. E naquele estilo narrativo que era dirigido ao mesmo tempo aos adultos e às crianças, que formavam o público ouvinte. Em 1699, o abade de Villiers, citado por Soriano (1968), já dizia: "Os melhores contos que nós temos são os que mais imitam o estilo e a simplicidade das amas .... É preciso ser muito hábil para bem imitar a simplicidade de sua ignorância..." (p.30). Soriano diz que a linguagem simples de Perrault é fruto de "um instinto artístico pouco comum ou de uma grande familiaridade com a arte de escrever, ou as duas coisas ao mesmo tempo" (p.142).

O exemplo mais característico dessa habilidade está no texto de *Chapeuzinho Vermelho*, onde algumas frases têm estrutura ou termos arcaicos, que com certeza foram usados para atender ao espírito da adaptação, como a famosa frase *"Tire la chevillete, la bobinette cherra"* (Perrault, 1989, p.255), que a avó diz, quando ouve bater à porta. Nenhum dos tradutores de Perrault no Brasil conseguiu, até agora, preservar a riqueza dessa frase poética. Mantendo a rima e o arcaísmo, uma boa tradução poderia ser: "Puxe a cordinha, para abrir a tramelinha". O texto dessa história é também um modelo de eficiência literária: o máximo de rendimento emocional com um mínimo de manifestação verbal. É o texto mais curto da coletânea e, ao mesmo tempo, o mais denso em impacto emocional.

A fim de exemplificar a ironia contra as mulheres nos textos de Perrault, muitos trechos poderiam ser citados, mas, para evitar a repetição, uma frase sobre as fadas e uma sobre as mulheres terrenas mostrarão o requinte da forma literária. Quando a fada acaba de encantar o castelo da Bela Adormecida, com tudo o que estava dentro e mais o bosque que o cercou, o narrador comenta: *"Tout cela se fit en un moment; les Fées n'étaient pas longues à leurs besogne"*. ["Tudo foi feito num instante, as fadas eram rápidas no serviço"] (ibidem, p.246). Quando a mãe do Polegar, arrependida de ter abandonado os filhos na floresta, fica se lamentando e jogando a culpa no marido, ele perde a paciência e ameaça espancá-la, pois *"elle lui rompait la tête, et qu'il était de l'humeur de beaucoup d'autres gens, qui aiment fort les femmes qui disent bien, mais qui trouvent très importunes celles qui ont toujours bien dit"* ["ela enchia sua cabeça, e ele era daqueles que gostam muito das mulheres que dizem bem, mas acham muito chatas aquelas que bem disseram"] (ibidem, p.288). No primeiro exemplo, a palavra *besogne* sugere que a fada estava cumprindo uma obrigação, isto é, desempenhando sua função social. No segundo, o jogo de palavras marca profundamente a mania ridícula do "eu não disse?".

O racionalismo se faz presente em muitas passagens dos contos, quando o narrador pretende tornar verossímil a magia. A mais famosa é a cena da fada madrinha preparando Cinderela para o baile. Bastaria um toque da varinha de condão e tudo estaria pronto. Mas a preocupação com a verossimilhança faz que a fada peça uma abóbora e tire o seu miolo, antes de transformá-la em carruagem. Em seguida, apanha seis ratos para obter os cavalos, seis lagartos para serem os lacaios e uma velha ratazana para transformar num gordo cocheiro de bigodes. Os objetos da transformação foram escolhidos em razão de suas características mais marcantes. O formato e a cor da abóbora deram uma bela carruagem dourada, dos ratos saíram parelhas de cavalos acinzentados e os lagartos, com sua preguiça, tornaram-se lacaios.

Muitos outros exemplos poderiam continuar mostrando o estilo literário dos textos, mas a insistência é perfeitamente dispensável. Os exemplos citados são suficientes para concluir que não foi um mero acaso o sucesso da pequena coletânea. Perrault conseguiu preservar a singeleza dos contos folclóricos porque usou, na justa medida, os ingredientes necessários à eficiência da receita, o que muitos tentaram sem ter conseguido. "Em resumo" – diz Soriano (1968) – "é uma adaptação rica e contraditória: o artista é fiel ao ritmo, ao tom e ao espírito do conto, mas sua elaboração é ao mesmo tempo bastante requintada. Os efeitos desejados são obtidos com extraordinária economia de recursos, astúcia na construção do texto e achados verbais de rara sutileza" (p.146). Sem dúvida, o estilo do texto, leve e gracioso, foi um dos principais fatores do sucesso e da perenidade da obra, bem como do cumprimento de sua missão.

UMA MORAL ACOPLADA

Para concluir esta análise da estrutura e do estilo literário dos *Contos da Mamãe Gansa*, falta dizer uma palavra sobre as moralidades em verso, acrescentadas pelo autor ao fim de cada um dos contos e, hoje, geralmente eliminadas pelos editores. A tendência natural é considerar esse acréscimo a parcela indubitável da contribuição paterna nessa obra a quatro mãos. O uso da linguagem em versos seria a marca indelével do poeta da Academia Francesa. Mas o significado desses versos vai um pouco além disso.

Uma moral em versos acoplada ao fim de um conto em prosa evidencia, em primeiro lugar, a intenção de mostrar que contar uma história e acrescentar-lhe uma lição de moral são coisas distintas. Separada estruturalmente do conto, a moral não o contamina e pode mesmo ser suprimida, sem que se altere o texto da narrativa. Outra evidência é o desejo de atualizar as histórias, dando-lhes um contexto social contemporâneo. E a ironia que permeia os preceitos morais deixa claro o distanciamento que o poeta burguês pretendia imprimir ao modo "culto e erudito" de tratar as histórias do povo.

A sutileza maior, porém, está nas conotações sexuais atribuídas a certos comportamentos dos personagens, relacionando-os com os costumes da sociedade francesa do Antigo Regime: "Cativos, alegres e dóceis / Seguem as mocinhas até suas casas / E até seus aposentos / Mas ah! quem não sabe que esses lobos gentis / De todos os lobos são os mais perigosos" (Perrault, 1989, p.256). A conotação sexual e a atualização da história estão literariamente concentradas no uso da palavra *ruelles* para indicar *aposentos*. Era uma palavra típica da época, criada pela moda dos salões literários, para designar o quarto de dormir, usado pelas "preciosas" para receber os convidados quando a casa não dispunha de um salão apropriado. Ficava também implícita uma cutucada irônica na "inteligência feminina". E mais uma vez se explicita a sutileza literária do texto.

Mas a mais sutil referência ao comportamento sexual da época está nos versos finais da moral extraída de *A Bela Adormecida*. A história sugere que um casamento feliz pode esperar cem anos para se concretizar... "Mas o sexo deseja com tanto ardor / A noite de núpcias / Que eu não tenho coragem / De pregar esta moral" (ibidem, p.253). Essa coragem está expressa pela palavra *coeur*, que rima com *ardeur*, representando o desejo sexual. Este era o primeiro conto da coletânea, que já tinha sido publicado um ano antes na revista *Le Mercure Galant*, onde não apareciam, porém, esses últimos versos, que também não faziam parte da moral contida no manuscrito de 1695. Foi, portanto, só dois anos depois que o poeta teve a "coragem" de acrescentar esses versos, deixando clara a intenção de ser irônico e cruel ao se referir aos costumes sociais de sua época. É também a única vez que ele usa a primeira pessoa nos versos moralistas, o que confirma a decisão de transmitir uma "opinião pessoal".

Para alguns contos existem duas moralidades, como é o caso de *Cinderela*, em que a segunda lição sugere qual seria o principal requisito para o prestígio social: "É sem dúvida uma grande vantagem / Ter espírito, coragem / Berço, bom-senso / E outros talentos semelhantes / Que são dádivas dos céus / Mas nada disso vai adiantar / São prendas vãs para o sucesso pessoal / Se a pessoa não tiver, para fazê-los valer / Bons padrinhos ou boas madrinhas" (ibidem, p.279). As palavras *parraines* (padrinhos) e *marraines* (madrinhas) lembram que, para a burguesia francesa do século XVII , a verdadeira proteção vinha de seres terrenos e não divinos. Por isso a coletânea, assim como em geral as produções literárias da época, era dedicada a uma princesa da corte. Só os dons, recebidos das fadas ou dos céus, não bastariam se a "proteção real" não acudisse no momento necessário, fazendo-os valer de verdade.

E para Perrault, poeta da Academia e político influente da corte, mesmo que o escritor tivesse talento ou perspicácia no relacionamento com os editores e com o público, nada disso teria valor se a arte não estivesse a serviço da moral dos aristocratas e burgueses. "Eles encerram todos uma moral muito sensata, que será apreendida de acordo com o grau de sensibilidade dos que os lerem" (ibidem, p.241). Assim são apresentados os *Contos* à princesa a quem eles foram dedicados.

Esse conceito de "arte literária" era, aliás, corrente numa época em que os artistas viviam dos favores da corte e só se preocupavam em prestigiá-la, como podem comprovar os louvores às façanhas do rei e dos nobres, que caracterizam praticamente todos os poemas (não folclóricos) escritos por Perrault. Até mesmo a defesa dos artistas do século de Luís, o Grande, na Querela dos Antigos e Modernos, tinha a intenção indisfarçável de engrandecer o Rei Sol, cujo brilho deveria ofuscar o esplendor do astro-rei, na concepção do "departamento de propaganda" da corte, em que o poeta tinha um importante papel.

Se essa "arte utilitária" empobreceu os poemas de Perrault, isso não aconteceu com os *Contos da Mamãe Gansa* cujo sucesso tornou-o famoso e conhecido internacionalmente. Os críticos literários não estão interessados, hoje, em estudar o poeta palaciano, mas tão somente o grande contador das histórias infantis que marcaram o início da literatura para crianças. E essa literatura se iniciou mostrando aos pequenos, em suas sutilezas morais, o mundo da mulher. O estilo literário dos contos se definiu pelo tipo de receptor a que se destinavam, a criança, mas os alicerces de sua estrutura discursiva eram os papéis sociais determinados pelos adultos. E o objetivo dessa estrutura era a moralização dos hábitos femininos, desde a infância até a maturidade. Esse objetivo se realizou plenamente nas sutilezas do estilo literário dos contos pois, ao enriquecer os textos, deram-lhes a possibilidade de agradar os leitores, que é o compromisso da função poética da linguagem.

8 COMO SE CARACTERIZAM AS PERSONAGENS?

> Em lugar de excluir qualquer referência ao contexto, a descrição dos mitos é levada a utilizar informações extratextuais sem as quais o estabelecimento da isotopia narrativa seria impossível.
>
> *A. J. Greimas*, Paris, 1966

Livro escrito para o público infantil, como "sementes que se lançam" para colher os frutos depois, os *Contos da Mamãe Gansa* giram em torno dos arquétipos do comportamento feminino, como forma de representação e valorização da vida familiar. Por essa razão, as mulheres, para quem se destinava especialmente a ideologia familista, têm as funções mais importantes na estrutura narrativa dos contos. São portanto "feministas" os contos?

Recém-nascida, criança, adolescente, noiva, mãe, fada ou bruxa, a figura feminina está sempre em destaque nos contos de Perrault. A menina nasce, uma fada ou bruxa determina o seu destino, uma mãe boa ou uma madrasta má a encaminha na vida... o pai tem pouco a oferecer nessa trama familiar. O príncipe é apenas o prêmio final, apesar de desempenhar o papel de herói-salvador. Para saber se houve realmente uma intenção "feminista" no ato de adaptar literariamente alguns exemplares do repertório de contos folclóricos, é necessário analisar os detalhes da caracterização dessas personagens, que compõem o mundo da mulher nos contos de Perrault.

O estudo da sequência linear das ações e da linguagem que deu existência concreta a essas ações permitiu a análise do sentido dos textos como narrativas pertencentes ao universo mítico do conto popular. Para chegar, porém, à interpretação dos textos como histórias do mundo feminino, é preciso estudar as características ou atributos de cada personagem e identificar o seu significado no contexto social.

Sentido e interpretação têm aqui o significado que lhes atribui Todorov (1973, p.210): "O sentido (ou a função) de um elemento da obra é sua possibilidade de entrar em correlação com outros elementos desta obra e com a obra inteira ... A interpretação de um elemento da obra é diferente segundo a personalidade do crítico, suas posições ideológicas, segundo a época. Para ser interpretado, é incluído em um sistema que não é o da obra mas o do crítico". Dizer se os contos de Perrault são feministas ou não é interpretar as características das personagens femininas segundo um ponto de vista que é da nossa época e do nosso mundo.

O FEMINISMO E A FEMINILIDADE

Na leitura dos contos de Perrault, os atributos das personagens femininas logo saltam aos olhos. Cinderela, Bela Adormecida e Chapeuzinho Vermelho são muito lindas, dóceis e amáveis e lembram as garotas ingênuas e desprotegidas, que estão expostas aos perigos do mundo. As fadas lembram a mãe protetora e as bruxas lembram a madrasta, mãe malvada. Essas características definem a imagem da mulher que o artista captou numa determinada época e transmitiu à posteridade, valorizando o seu papel na sociedade. Ao perpetuar essa imagem, Perrault teria se transformado em "profeta" dos ideais feministas, que surgiram muito tempo depois, mas que já estariam sendo anunciados?

EM BUSCA DOS CONTOS PERDIDOS

Como resposta afirmativa a essa pergunta, poderiam ser lembrados alguns dados já analisados nos capítulos anteriores. Os contos são herdeiros dos mitos, que por sua vez se originaram de rituais praticados nas comunidades primitivas. Nessas comunidades, a mulher tinha um papel social importante como sacerdotisa e as divindades eram femininas. No fim do século XVII, quando os contos foram escritos, as mulheres se organizavam em círculos sociais e literários, tentando ocupar um espaço que antes só pertencia aos homens. Esses círculos, frequentados por Perrault, foram os responsáveis pelo prestígio social dos contos populares e eles se transformaram em obra literária, nas mãos de um poeta da Academia. Essa obra teve sucesso imediato e logo se tornou conhecida e apreciada em todo o mundo.

Esses fatos já poderiam sugerir que os contos de Perrault eram feministas, mas há outros ainda mais sugestivos. O próprio nome original da coletânea fazia supor que os contos eram narrados por mulheres, simbolizadas pela Mamãe Gansa. O dado mais importante, no entanto, seria a predominância e a importância das personagens femininas nas narrativas. Embora a função do herói-salvador esteja nas mãos dos homens, príncipes ou irmãos, a mulher é o elemento mais importante na trama da narrativa, ela é a protagonista da história. O personagem masculino é secundário, nem mesmo tem nome e representa apenas o instrumento de transformação e realização da mulher, razão pela qual ele só aparece na história no momento em que é necessária a sua intervenção. Portanto, ao impacto de uma primeira impressão, esses argumentos poderiam levar à conclusão de que Perrault era um feminista e seus contos estariam profetizando o advento do feminismo.

Uma análise mais demorada e mais profunda dos textos e do contexto social em que eles foram produzidos pode levar, porém, a uma conclusão bem diferente. Em primeiro lugar, é difícil considerar como defensor e admirador das mulheres um homem que só se casou aos 44 anos, enviuvou seis anos depois e não se casou novamente, teve uma filha e não deixou nenhum documento e nenhuma referência, em suas memórias, sobre ela, da qual não se sabe nem mesmo o nome. Mas Perrault frequentava os salões literários das "preciosas" e chegou mesmo a defender publicamente as mulheres contra os ataques de Boileau, escrevendo o poema *Apologia das mulheres*. Pode-se imaginar que o poeta tenha até mesmo tentado ser um "feminista". Mas nas entrelinhas do seu texto, o que transparece são os preconceitos de uma sociedade machista, que via a mulher como um ser ridículo.

Alguns exemplos dessa ironia depreciativa em relação às mulheres já foram analisados, mas muitos outros ainda poderiam ser apresentados. Para mostrar a facilidade com que as mulheres se deixam levar pelas aparências, o narrador explica em poucas palavras como a princesa se apaixonou pelo marquês forjado pelo Gato de Botas: "e como as belas roupas que lhe tinham dado realçavam sua aparência (pois ele era bonito e bem feito de corpo), a filha do rei logo se sentiu atraída, e o Marquês de Carabá só precisou lhe dirigir dois ou três olhares muito respeitosos e um pouco ternos, para que ela ficasse loucamente apaixonada" (Perrault, 1989, p.265). Quando a mulher do gigante desmaia, ao ver suas filhas degoladas pelo marido, o narrador diz: "Ela começou por desmaiar (pois é o primeiro expediente de quase todas as mulheres em situações semelhantes)" (ibidem, p.291). Como se percebe, não é difícil concluir que, na verdade, o que há nos contos de Perrault é até mesmo um antifeminismo.

Afinal os homens (príncipes) também se deixavam impressionar pela aparência das mulheres (princesas ou camponesas), e não surge nenhum comentário irônico a esse respeito. Por essa razão só se pode falar, para caracterizar as personagens femininas desses contos, em feminilidade e não em feminismo. E quais seriam os principais aspectos dessa feminilidade, ou seja, da condição feminina expressa nos atributos das personagens? A mulher, afinal, é forte e poderosa como as fadas, ou frágil e dependente como as princesas?

OS SÍMBOLOS DO PODER FEMININO

"Quanto ao espírito, senhora, não posso fazer nada, mas quanto à beleza, tenho plenos poderes..." (ibidem, p.281) – assim responde a fada à aflita mãe de uma linda recém-nascida que, segundo sua predição, "não teria nenhum espírito e sua estupidez seria igual à sua beleza" (ibidem, p.280). Essas palavras estariam tentando limitar o poder das fadas ou determinar o padrão da mulher ideal, linda e estúpida? Talvez a intenção fosse conseguir os dois efeitos. As afirmações estão no conto *Riquê do Topete* que, como já foi dito, é o mais literário da coletânea, não tendo antecedentes na tradição oral. Por essa razão é o texto mais influenciado pelos ideais burgueses, transmitindo assim os conceitos morais e sociais sobre a condição feminina.

Por mais que se esforçasse para acompanhar a moda dos salões, valorizando as mulheres pelos dotes do espírito, Perrault não conseguia evitar os "atos falhos" que deixavam transparecer seu machismo. Por outro lado, por mais que a arte e a religião cristã tenham tentado suplantar os ideais do paganismo, as fadas sobreviveram como remanescentes do poder das antigas deusas e sacerdotisas. Se as fadas fossem eliminadas, o conto de magia desapareceria, e ele era muito "útil" para passar as lições do comportamento que deveria servir de modelo às crianças e às mulheres. As fadas foram então preservadas, em benefício da própria ideologia cristã e burguesa. E Perrault foi o instrumento dessa aventura, que acabou contribuindo com a construção do patrimônio cultural da humanidade, ao preservar as antigas mitologias.

Os símbolos do poder feminino estão presentes nas descrições dos procedimentos mágicos que, embora impregnadas de ironia, não puderam se furtar ao reconhecimento do grande poder da mulher divina. Mas Perrault fez economia de fadas, usou-as em apenas quatro dos oito contos, e em apenas um deles elas figuram no título. Além de economizar no uso das fadas como personagens, o poeta se furtou à tarefa de descrever a aparência física das mulheres divinas, talvez com receio de aproximá-las da imagem de Nossa Senhora. Em nenhum dos contos em que elas aparecem há qualquer referência à sua beleza ou mesmo às suas vestes. Os seus atributos ficam perpetuados apenas através da descrição das cenas em que elas distribuem dons e dotes.

A cena mais pródiga em detalhes sobre esses dons e dotes está em *A Bela Adormecida*: "as fadas começaram a conceder os dons à Princesa. A mais jovem disse que ela seria a pessoa mais linda do mundo, a seguinte que ela teria o espírito de um Anjo, a terceira que ela faria todas as coisas com uma graça admirável, a quarta que ela dançaria muito bem, a quinta que ela cantaria como um Rouxinol, e a sexta que ela tocaria com perfeição todos os instrumentos musicais" (Perrault, 1989, p.244). Em seguida vem a bruxa, apresentada como a "velha fada", e lança sua maldição: a princesa espetaria o dedo num fuso e morreria. A sétima fada aparece e assim justifica sua inferioridade: "é verdade que eu não tenho tanto poder a ponto de anular inteiramente o que foi feito pela mais velha" (ibidem).

O poder da maldade poderia ser superior ao poder da bondade, contrariando a moral ingênua? Talvez sim, para que os mais velhos, mesmo sendo maus, fossem sempre respeitados. Apenas para atender à tradição, ou por simples conveniência da estrutura narrativa? Se a fada é o auxiliar mágico, o poder de controlar o destino dos seres humanos é o índice por excelência dessa personagem. Esse poder significa o domínio completo sobre todas as contingências da vida e tanto poderia estar nas mãos da fada boa como da fada má mas, segundo a moral ingênua do conto popular, o bem deverá vencer no fim. E a bruxa, embora muito poderosa no início da história, será derrotada depois pela jovem fada, que não tinha poderes para desfazer o seu malefício, mas "salvou" a vida da princesa, "condenando-a a dormir cem anos" (ibidem, p.245).

Como cada elemento da narrativa tem sua significação articulada ao todo, é fácil concluir que o pouco poder alegado pela jovem fada no começo da história tinha a função de desencadear a sequência de fatos que iriam marcar a vida da princesa recém--nascida. E que se cumpririam segundo os "fados", transmitindo o significado moral desejado: as fadas existem para auxiliar os fracos e desprotegidos, mas estes devem cumprir seu destino, passando por todas as etapas do desenvolvimento psíquico, até chegar ao amadurecimento e à felicidade. De qualquer maneira, fica preservado, por intermédio das fadas, o poder das deusas da Antiguidade.

OS ESTIGMAS DA FRAGILIDADE

Se as fadas são o símbolo do poder feminino, as princesas e as camponesas que se tornam princesas são o símbolo da fragilidade, que deveria caracterizar as mulheres terrenas, seres humanos submissos às contingências do destino e à moral determinada pela sociedade. O poder divino das fadas e o poder masculino dos príncipes deveriam comandar a sua vida. Bela Adormecida, Chapeuzinho Vermelho, Cinderela, a esposa de Barba Azul, a filha bondosa, a princesa linda e estúpida, todas são personagens marcadas pela fragilidade, que deveria ser a característica das mulheres e das crianças na sociedade patriarcal. E quais são os atributos dessas personagens que representam os estigmas da fragilidade?

Com essas personagens Perrault foi pródigo em descrições ricamente elaboradas. A mulher ideal deveria ser bem definida para que não pairassem dúvidas quanto ao seu papel social: "Ela parecia um anjo de tão bela, pois o desfalecimento não diminuíra as cores de sua tez, as faces eram rosadas e os lábios encarnados; ela tinha fechado os olhos, mas podia-se ouvir sua suave respiração, o que comprovava que ela não estava morta" (ibidem). A descrição da Bela Adormecida se enriquece literariamente, quando se aproxima o momento de seu despertar: "ele entra num quarto todo dourado e vê sobre um leito, cujo cortinado estava entreaberto, o mais belo espetáculo que ele jamais tinha visto: uma princesa que parecia ter quinze ou dezesseis anos, cujo brilho resplandecente tinha qualquer coisa de luminoso e de divino" (ibidem, p.247). A beleza se mantém durante o sono de cem anos, pois é a principal característica da condição feminina. Nessa passagem se confirma o que foi dito anteriormente sobre o fato de os homens se deixarem levar pelas aparências, sem que esse comportamento seja ridicularizado pelo narrador.

Cinderela é outra personagem prestigiada com a riqueza das descrições: "Sua madrinha apenas a tocou com a varinha e imediatamente sua roupa se transformou num belo vestido de ouro e prata, todo enfeitado de pedrarias; em seguida ela lhe deu um par de sapatinhos de cristal, os mais lindos do mundo" (ibidem, p.276).

O momento de sua chegada ao baile do príncipe foi descrito com emoção e encantamento: "ele lhe deu a mão para que ela descesse da carruagem e a levou ao salão onde estavam os convidados. Fez-se então um grande silêncio; todos pararam de dançar, os violinos emudeceram, tamanha era a atenção de cada um ao contemplar a grande beleza daquela desconhecida. Só se ouvia um murmúrio por todo o salão: Que linda!" (ibidem).

Não é difícil emocionar as ouvintes ou os leitores se o narrador domina com perfeição a arte de descrever uma bela personagem ou uma bela cena. Tarefa mais delicada, exigindo maior destreza, é fazer dessa bela personagem um modelo de candura e submissão às determinações do destino, ou da sociedade. Cinderela não reclama dos maus-tratos e dos serviços pesados que a madrasta e suas filhas lhe impõem, aceita ingenuamente as razões pelas quais ela não pode ir ao baile e, depois, concorda em retirar-se antes da meia-noite. O suprassumo da bondade, porém, é perdoar as irmãs invejosas e levá-las para o palácio real. Perrault conseguiu nesse conto retratar, com os requintes da arte literária, o modelo de comportamento feminino esperado pela sociedade machista: a mulher deve ser linda, dócil, obediente e infinitamente bondosa. São os índices que caracterizam a personagem e marcam sua função na narrativa.

A beleza era o maior "estigma" da feminilidade, se a mulher não fosse bela, não seria feminina. Era o primeiro dom com que se preocupavam as fadas, e era a razão da interferência do herói. O príncipe só salvava a jovem ameaçada ou atingida pelo mal depois de vê-la e encantar-se com sua infinita beleza. A bondade, a delicadeza, a honestidade, o recato, a obediência eram os outros estigmas da fragilidade feminina. As personagens que não tinham esses atributos, e tentavam se impor pela inteligência, pela maldade, pela inveja ou pela indelicadeza, eram punidas, ou simplesmente esquecidas. A irmã-malvada de *As fadas* e a rainha-bruxa de *A Bela Adormecida* foram punidas com a morte, e mesmo o perdão das irmãs invejosas em *Cinderela* é uma espécie de punição transformada. Já a irmã feia e inteligente foi esquecida, no conto *Riquê do Topete*. Simplesmente o narrador deixa de falar o que acontece com ela depois que a irmã bonita ficou inteligente.

Cinderela e Bela Adormecida são as personagens mais amadas e mais lembradas hoje pelo público e, com certeza, isso se deve ao requinte literário com que elas foram desenhadas no texto de Perrault, o que prova que é a arte do adaptador a principal responsável pela perenidade dos contos. E é na descrição das personagens que está a riqueza do texto, como diz Propp (1984, p.81): "A nomenclatura e os atributos dos personagens são grandezas variáveis do conto. Entendemos por atributos o conjunto das qualidades externas dos personagens: idade, sexo, situação, aspecto exterior com suas particularidades etc. Estes atributos proporcionam ao conto colorido, beleza e encanto".

Histórias criadas pelo inconsciente coletivo e adaptadas por um poeta do classicismo francês, os *Contos da Mamãe Gansa* cumpriram, e cumprem ainda, sua função de moralizar os costumes. Como contos populares, essas narrativas não teriam necessidade de personagens literariamente trabalhadas, pois nesse tipo de história, como diz Todorov (1973, p.220), "o personagem não é mais, na maior parte do tempo, do que um nome que permite reunir as diferentes ações". Mas Perrault criou figuras inesquecíveis. Graças ao seu trabalho de adaptação literária dos contos, essas figuras deixaram o universo da tradição folclórica em que viviam e se tornaram "criações artísticas". Há três séculos elas habitam a imaginação de crianças e adultos nos mais diferentes rincões.

9 COMO SE CONSERVAM OS CONTOS?

... é o maravilhoso que endossa, de modo subs-
titutivo, a pequena participação da criança no
meio adulto ... Desta maneira tornar-se-ia acessível ao leitor o reconhecimento da organização
da sociedade que o cerca, e sua complexidade
poderia ser transposta, na medida em que o re-
curso ao fantástico oferece meios mais concre-
tos de tradução de certos mecanismos sociais e
econômicos.

R. Zilberman, Porto Alegre, 1982)

Os contos de Perrault se conservam na memória de qualquer
pessoa, mesmo que ela não saiba que eles tenham sido publicados
originalmente na França de Luís XIV . Narradas por mães, tias ou
avós, lidas em antigas e esquecidas edições, vistas em filmes ou
ouvidas em gravações, essas histórias e suas lições não são jamais
esquecidas. Basta que se pergunte a uma pessoa, de qualquer idade,
quais os contos de fada de sua preferência, para que *Cinderela* e *A
Bela Adormecida* estejam entre os primeiros indicados. A figura da
menina linda, dócil e ingênua, protegida pela fada madrinha, ainda
é muito marcante em nossos dias.

E como foi que os contos de Perrault chegaram ao Brasil e conquistaram seu espaço em nossa literatura infantil? O que existe de concreto a esse respeito são as inúmeras versões que, desde o fim do século passado, foram aqui publicadas. Fazer um levantamento de todas as edições brasileiras dos oito contos franceses é uma tarefa bastante difícil, praticamente impossível. Essa é a impressão que se tem ao procurá-los numa biblioteca infantil, onde estão misturados aos contos de Grimm, Andersen e a outros incontáveis tipos de histórias para crianças. Seria muito útil um trabalho com esse fim, que talvez pudesse percorrer pacientemente os caminhos trilhados por Perrault na literatura brasileira dedicada às crianças.

Neste fim de século, quando se completam os trezentos anos de sua edição original, os contos de Perrault voltam a merecer uma atenção especial no Brasil, com várias edições ou reedições de traduções integrais de seus textos, trazendo até nós os significados por ele atribuídos às princesas, bruxas e fadas. Durante muito tempo, o trabalho artístico da adaptação literária dos contos do folclore francês era para nós apenas uma "notícia" que se lia em comentários sobre a origem da literatura infantil. Eram contos perdidos no tempo e não se podia reconhecer, nas reduzidas adaptações que circulavam entre as nossas crianças, o menor vestígio dos textos originais.

Mas essas adaptações, apesar da pobreza literária dos textos, cumpriram a função de preservar entre nós o prestígio dos contos de fada. Por essa razão, o fenômeno cultural da perenidade dessas histórias herdadas dos nossos ancestrais, com todos os seus símbolos psíquicos e sociais, continua ainda hoje intrigando os estudiosos da literatura infantil e das tradições folclóricas. O que mais intriga, sem dúvida, é que o significado das ações e dos personagens permanece o mesmo, apesar das alterações no estilo linguístico dos textos.

O PRESTÍGIO DOS CONTOS DE FADA

"Os contos de fada retratam uma realidade intrínseca, mais objetiva e específica para o leitor adulto, enquanto para o público infantil atuam como condição futura de entendimento". "São narrativas fantásticas que carregam uma grande carga cultural, no sentido mais amplo do termo, com relações arquetípicas, míticas e ideológicas". "É uma forma de assegurar a dose de magia que nos encanta durante toda a vida". Estas são algumas das opiniões emitidas sobre os contos de fada, numa pesquisa realizada entre 1990 e 1991 em Bauru e Ribeirão Preto, cidades do interior do Estado de São Paulo.

Essa pesquisa foi realizada por meio de questionários respondidos por participantes (e seus familiares ou amigos) de cursos oferecidos em Oficinas Culturais distribuídas por várias cidades paulistas. Eram cursos sobre os diferentes aspectos e usos dos contos de fada e o público era formado preferencialmente por professores do ensino fundamental e alunos dos cursos de Magistério. O objetivo dessa pesquisa era verificar como se conservam os contos de fada no imaginário coletivo, contando com 135 questionários respondidos por pessoas de ambos os sexos, entre 15 e 80 anos de idade.

A maioria das respostas continha as palavras "criatividade", "imaginação", "sonho", "ilusão" e "fantasia" para definir a relação entre emissor e receptor, quando a mensagem é um conto de fada, seja o canal um livro, um disco, um filme ou uma narração oral. Dos 135 entrevistados, 99 se lembravam de ter ouvido os contos na mais tenra idade, narrados por mães, avós, tias, irmãs mais velhas ou professoras. Em raros casos os narradores eram do sexo masculino. Em cinquenta respostas, a lembrança era de ter lido, ouvido em discos ou visto em filmes os contos de fada, o que comprova que coexistem as diferentes formas de transmissão. Se os entrevistados tinham entre 15 e 80 anos, e todos tiveram contato com essas histórias, é porque continua alto o prestígio das fadas, hoje como há trezentos anos ou há milênios.

Algumas opiniões eram marcadas pela sensibilidade e pela emoção: "são símbolos das fantasias, medos e dramas existentes no inconsciente coletivo", "acabam transmitindo uma certa calma", "me fazem sonhar e me deixam feliz", "eu já viajei muito neles". Alguns entrevistados mostraram que são capazes de perceber a função psíquica e social da narrativa familiar: "sempre foi um sonho, uma emoção, um envolvimento e uma forma de se estar junto, ouvindo e contando histórias", "a forma mais simples e gostosa de se distrair uma criança", "me lembram a infância, minha mãe lendo para nós".

Outras respostas já refletem uma certa preocupação com a função pedagógica dos contos: "parece-me que são ideologias, uma forma de manipular o processo educacional, gerando uma certa alienação", "expressões de toda uma sociedade, constituindo muitas vezes instrumento de socialização da criança, ou instrumento de domesticação", "são histórias que moralizam e servem de bons exemplos para as crianças", "tentam colocar o bem como um dom que a criança deve desenvolver, pois o mal é sempre punido, deixando de lado o fato de que possuímos os dois sentimentos em nós", "estão fora da nossa realidade e são muito ideológicos", "é a forma de representar vidas diferentes através de figuras simbólicas".

Todas essas opiniões comprovam que as teorias psicossociais, pedagógicas e culturais dos estudiosos são, de alguma forma, vislumbradas pelas pessoas comuns, pela percepção intuitiva. Dos entrevistados, 44 tinham menos de 20 anos; 41 tinham entre 20 e 30; 33 estavam na faixa de 30 a 50; e 16 tinham mais de 50 anos. A mais velha das pessoas entrevistadas, uma mulher de 81 anos, contribuiu com um importante testemunho da tradição oral: "Quando eu era pequena, minha mãe contava histórias e eu gostava muito".

Nas respostas sobre quais os contos mais apreciados, *Cinderela*, *Chapeuzinho Vermelho* e *A Bela Adormecida* ocuparam respectivamente o segundo, o terceiro e o quarto lugar na lista dos mais citados. O primeiro foi citado 67 vezes; o segundo, 46; e o terceiro, 44. No primeiro lugar da lista estava *Branca de Neve*, citado 93 vezes. O fato de os contos mais apreciados e lembrados terem a personagem feminina no papel-título vem comprovar a existência da relação entre a mulher e o conto de fada. Para a grande maioria, esse é um "assunto de mulheres", já que apenas quatorze disseram ter ouvido as histórias dos "pais"; quatro citaram o "pai"; e apenas uma, o "irmão".

Dos contos de Perrault, alguns estão quase ou totalmente esquecidos. *O Pequeno Polegar* foi citado oito vezes (pode ser a versão dos Grimm), *O Gato de Botas*, seis vezes, e *Barba Azul*, apenas uma vez. *As fadas* e *Riquê do Topete* não foram mencionados. O fato de Branca de Neve, Cinderela e Bela Adormecida estarem entre as personagens mais amadas deve-se também, com certeza, aos filmes de Disney e sua propaganda por meio de discos, livros e álbuns de figurinhas. Chapeuzinho Vermelho deve seu prestígio à versão dos irmãos Grimm, que é praticamente a única divulgada, por razões óbvias. Embora não tenha sido imortalizada em filme, Chapeuzinho surge numa Coleção Disney da década de 1970, em disco e livro: a avó se esconde no armário e a menina engana o lobo, até o caçador chegar. Está totalmente eliminada a violência.

Quanto à pergunta sobre os autores das versões originais, nove pessoas citaram Perrault, enquanto oito mencionaram Andersen, e quinze se lembraram de Grimm. Sobre a autoria dos filmes e discos, 26 citaram Disney, que também foi mencionado quatro vezes como autor dos contos de fada. Em relação à época em que surgiram esses contos, 53 dos entrevistados deram a entender que "faz muito tempo", esse tempo podendo ser a Idade Média, antes de Cristo, a Antiguidade, ou desde que os homens aprenderam a contar histórias.

Embora os contos de fada não figurassem entre os textos usados nos livros didáticos de Língua Portuguesa no Brasil até a época da pesquisa, 92 pessoas se lembraram de ter ouvido falar deles na escola, por leitura, narração ou representação teatral. Apesar de banidos dos livros didáticos, eles continuavam desempenhando sua função pedagógica em nosso sistema de ensino. Mas sobre as edições atuais dos contos de fada, 99 dos entrevistados disseram não poder emitir opinião, pois não as conheciam. Estarão hoje os livros apenas nas mãos dos pequenos? E os que os compram não os observam?

As respostas obtidas nessa pesquisa vêm confirmar que ainda têm muito prestígio em nossos dias os contos de fada, e ainda se transmitem por narrações orais (das mulheres), apesar do cinema e da televisão. Mas os contos mais conhecidos no Brasil são os que foram divulgados por Walt Disney. Talvez até a década de 1950, quando aqui chegaram os filmes, os contos de Perrault circulassem mais livremente nos livros infantis brasileiros, concorrendo apenas com Grimm e Andersen. Mas o poder de comunicação do cinema é muito forte e, reforçado pela propaganda, fez com que a arte cinematográfica predominasse na transmissão das histórias populares coletadas e adaptadas pelo poeta francês e seu filho.

A imagem que as crianças brasileiras têm hoje de Cinderela e Bela Adormecida, sem dúvida nenhuma, foi produzida em Hollywood na metade de nosso século. E essa imagem exacerbou os aspectos morais da narrativa, reforçados e legitimados pela ideologia familista do capitalismo norte-americano. Mas nos anos 90, os textos originais de Perrault voltam a circular entre nós, reencontrados em toda sua pureza, valorizando a criação pessoal do artista. Uma análise das edições brasileiras dos contos do poeta francês, das mais antigas às mais recentes, poderá fornecer outros dados sobre sua trajetória na literatura infantil brasileira.

OS TEXTOS DE PERRAULT NO BRASIL

Em 1885 era publicada em Lisboa a coletânea *Contos populares do Brasil*, contendo histórias recolhidas em diferentes regiões do país pelo Dr. Sílvio Romero, professor do Colégio Pedro II, com um estudo preliminar e notas comparativas de Teófilo Braga. A segunda edição dessa obra é brasileira, da Livraria Clássica de Alves & Comp., Rio de Janeiro e São Paulo, 1897, traz uma nota do autor sobre os erros cometidos por Teófilo Braga, na edição portuguesa, e acrescenta a cada conto comentários de Luís da Câmara Cascudo sobre a origem do tema folclórico. Os contos estavam divididos em três seções: os de origem europeia, os de origem indígena e os de origem africana e mestiça. Entre os primeiros estavam alguns temas encontrados na coletânea de Perrault, mas vindos diretamente da tradição oral, sem nenhuma contaminação da adaptação literária francesa, como já foi ressaltado na análise de *Maria Borralheira*, *O Rei Caçador* e *João mais Maria*. Esse foi o primeiro trabalho de coleta do folclore brasileiro, representando um importante testemunho da tradição oral do nosso povo. Entre 51 contos de origem europeia, apenas três continham temas recolhidos por Perrault, mas sem nenhuma influência dos seus textos.

A primeira publicação brasileira com textos traduzidos da coletânea francesa foi *Contos da carochinha*, de Figueiredo Pimentel, primeiro volume da "Biblioteca Infantil da Livraria Quaresma", editado no Rio de Janeiro em 1894. Em 1900, o livro já estava na 18ª edição, com quase cem mil exemplares vendidos, segundo o prefácio, que reproduz comentários dos jornais da época, mostrando o enorme sucesso da obra. Ao dedicar sua coletânea a uma mulher, Maria de Sant'Anna, o autor faz questão de frisar o caráter moralista dos contos, ressaltando a importância da mulher na vida familiar, como fizera Perrault há duzentos anos. Mas entre as dezenas de contos de vários países, traduzidos ou recolhidos diretamente da tradição oral, apenas dois – *Barba Azul* e *O Gato de Botas* – são fiéis aos textos de Perrault. *Chapeuzinho Vermelho*, *A Gata Borralheira* e *A Bela Adormecida no Bosque* se baseiam nos textos de Grimm. Em todos eles são atribuídos nomes aos personagens principais, até o gato se chama Malhado.

Um outro volume dessa coleção – *Histórias do arco da velha* – trazia os contos *O Pequeno Polegar*, *Pele de Asno* e *Riquete de Crista*, com textos de Viriato Padilha, bastante fiéis aos originais franceses. Até a história do Pequeno Polegar, cheia de detalhes grotescos, foi reproduzida integralmente, sem cortar a cena em que o gigante degola as próprias filhas, como acontece em muitas edições brasileiras. Viriato Padilha também atribui nomes brasileiros aos personagens, o que devia ser uma norma da coleção.

A "Biblioteca Infantil da Livraria Quaresma", de dez volumes, dirigida por Figueiredo Pimentel, teve um enorme sucesso de público e foi editada até a década de 1960. Esse sucesso se explicava facilmente pelo estilo dos textos, numa linguagem popular e bem brasileira, detalhe que foi ressaltado no prefácio de 1900, diferenciando-a das outras obras infantis da época, na maioria importadas de Portugal e escritas numa linguagem bem distante da falada pelas crianças brasileiras.

O primeiro autor brasileiro a publicar a coletânea de Perrault, com todos os contos num só volume, foi Monteiro Lobato. O livro se chamou *Contos de fadas*, por Perrault, e incluiu *Pele de Asno* entre os contos em prosa. A tradução é absolutamente fiel aos textos de Perrault, com alguns detalhes interessantes: a carruagem da Gata Borralheira (que não se chama Cinderela) não sai de uma abóbora, mas de uma cidra, o gigante é chamado de "papão" e a sogra da Bela Adormecida, de "rainha Papona". A ordem dos contos não é a mesma da coletânea de 1697, sendo o primeiro *A Capinha Vermelha*.

Até a década de 1950, foram muitas as coleções infantis brasileiras que incluíram os contos de Perrault em adaptações ou traduções livres, geralmente excluindo as passagens consideradas violentas ou impróprias para menores. Entre elas, teve grande sucesso a "Coleção Encantada", da Editora LEP de São Paulo, com vinte volumes, contendo histórias infantis das mais diversas origens, adaptadas por Leonardo Arroyo. Estão aí reproduzidos quase todos os contos de Perrault, alguns em tradução fiel ao original, outros com muitas alterações. Na história de Chapeuzinho, a avó se esconde embaixo da cama e um cão policial mata o lobo antes que ele pegue a menina. A história da Bela Adormecida termina com o despertar e o casamento. As maiores modificações, porém, estão na história do Pequeno Polegar, da qual foram cortadas todas as cenas consideradas violentas e imorais. E no fim ele se casa, tornando-se um marido honesto e trabalhador.

Na coleção "O Amigo da Infância", da Companhia Brasil Editora, de São Paulo, sem nome do adaptador, estão alguns contos de Perrault, como *A Gata Borralheira*, *O Gato de Botas*, *O Príncipe Henrique* e *Pele de Burro*, com textos bem próximos aos originais franceses. A coleção "Tesouro da Literatura Infantil", da Editora Livro-Fácil de São Paulo, tem alguns contos de Perrault, em textos longos, livremente adaptados, mas sem indicação do nome do adaptador. São quatro os contos, todos com a personagem feminina no papel-título: *A Bela Adormecida* (com a segunda parte da história), *A Gata Borralheira*, *Chapeuzinho Vermelho* e *Rainha Grizelda*.

EM BUSCA DOS CONTOS PERDIDOS

Depois da década de 1960, as adaptações dos contos de Perrault, assim como dos demais contos de fada, se reduziram cada vez mais, surgindo versões bem curtas, sem nenhum vestígio dos textos originais, como é o caso das várias coleções da Editora Brasil-América do Rio de Janeiro, dos livros cartonados editados pela Record e muitos outros do mesmo tipo. Mas houve algumas exceções nesse período. A Livraria Martins publicou uma tradução da coleção italiana "Enciclopédia da Fantasia", em seis volumes, com histórias de diversos países, onde os contos de Perrault estão reproduzidos em textos fiéis aos originais, mas sem a segunda parte da história da Bela Adormecida e com o final feliz para Chapeuzinho. A Melhoramentos também reproduziu uma edição alemã, com todos os contos de Perrault num só volume, incluindo os três em verso, adaptados em prosa, numa tradução de Maria José Alves de Lima. Todos os textos são fiéis aos originais franceses, com uma única alteração: no fim da história da Bela Adormecida, a rainha-bruxa se arrepende de suas maldades, abraça a nora e os netos e todos vivem felizes para sempre. A Cultrix publicou, em 1965, um volume com os oito contos em prosa, mais os três em verso (adaptados em prosa) e um conto de Mme D'Aulnoy. Esse volume foi reeditado pelo Círculo do Livro em 1990. Esse rastreamento foi possível graças à gentileza e boa vontade da diretora e das funcionárias da Biblioteca Infantil Monteiro Lobato, de São Paulo, num levantamento realizado em 1991.

Os textos originais de Perrault começam a voltar ao mercado editorial brasileiro. Em 1989, a Editora Itatiaia, de Belo Horizonte, publica na coleção "Grandes Obras da Cultura Universal" um volume com os oito contos em prosa e mais *Pele de Asno*, traduzidos da edição Hetzel, Paris (1862), que não é mencionada, mas pode ser reconhecida pelo prefácio de P. J. Stahl e pelas ilustrações de Gustave Doré. Na página de rosto da edição francesa, reproduzida em fac-símile, está a data de 1883.

Em nenhuma das edições brasileiras mencionadas até aqui aparecem as moralidades em verso que Perrault acrescentou a cada um de seus contos em prosa. A primeira vez que esses versos moralizantes aparecem traduzidos no Brasil é na coleção "Era Uma Vez... Perrault", da Editora Kuarup de Porto Alegre, que começou em 1987 a editar os contos, cada um num volume, com ilustrações de artistas brasileiros e uma vinheta na capa: "Texto integral". É a primeira edição brasileira inteiramente fiel a Perrault, embora a ordem de publicação dos títulos não obedeça à sequência dos contos em sua edição original.

Esse levantamento das edições brasileiras dos contos de Perrault não pretende ser exaustivo e completo, mesmo porque o espaço que lhe cabe neste trabalho não o permite. Aqui estão apenas as principais publicações dos contos franceses em nosso país, com destaque para aquelas que mais se aproximam dos textos originais. Na pesquisa da Biblioteca Infantil Monteiro Lobato, foram contadas 83 publicações onde aparecem os contos de Perrault, nem sempre todos juntos, evidentemente. Outro dado interessante a registrar é que o conto *Chapeuzinho Vermelho* é o mais publicado, aparecendo em 66 edições. Entre as publicações, predominam aquelas que têm textos reduzidos, cedendo espaço para as ilustrações.

Apesar de sua precariedade, essa busca contribuiu para a constatação do que se presumiu a partir da pesquisa de opinião com as 135 pessoas que responderam às questões sobre o conceito, a origem e a transmissão dos contos de fada. Até a década de 1950, os textos das edições brasileiras eram mais ou menos fiéis a Perrault. A partir da influência de Disney, o tamanho do texto se reduziu, cedendo espaço às ilustrações, e as histórias se limitaram às ações essenciais da trama narrativa, pois as descrições foram substituídas pelas imagens. As exceções apontadas confirmam a regra geral. Desde o final da década de 1980, porém, os textos de Perrault voltam a ser editados integralmente, embora as versões reduzidas ainda predominem. Só os leitores poderão definir o resultado final dessa concorrência.

OS CONTOS RECUPERADOS

Ao fim dessa viagem em busca dos contos perdidos no tempo e na memória, através dos diversos significados atribuídos às princesas, bruxas e fadas, é chegado o momento de fazer um balanço dos elementos estudados e das conclusões extraídas deste estudo. O objetivo do trabalho era recuperar os contos de fada, em especial os de Perrault, em seus múltiplos sentidos, canalizando esses sentidos para a interpretação das funções femininas e seu papel no fenômeno da perenidade dessas histórias vindas dos tempos mais remotos.

Na primeira parte, a análise do significado das fadas, segundo as correntes etnológicas, psicológicas e sociais, levou à conclusão de que bruxas e fadas, esses seres mágicos e divinos, tanto podem desempenhar o papel das deusas das comunidades primitivas como o das mães, boas ou más, além de servirem, também, como mestras, para a transmissão da ideologia familista que se instalava nas sociedades europeias, no momento em que Perrault publicou os contos. Já as princesas e as camponesas que se tornam princesas, seres humanos sem nenhum poder, representam o papel a ser desempenhado pelas mulheres na sociedade patriarcal, que se instalou após a derrubada dos mitos de orientação feminina.

Embora a origem dos contos de fada date da era pré-cristã, a ideologia por eles transmitida serviu perfeitamente aos ideais pedagógicos da sociedade cristã-burguesa, que, no século XVII, já se preparava para fazer prevalecer o seu ideário político, econômico e social. Tanto o mito de Psiquê como a história de Cinderela mostram que a mulher terrena, semelhante à do mundo real, deveria ser linda, ingênua e obediente. Esses predicados torná-la-iam merecedora dos bons serviços dos deuses e das fadas. E o prêmio final é o casamento, pelo qual ela se realiza como mulher e serve de exemplo às gerações vindouras, preservando os valores morais determinados pela sociedade. O poder só pode ser divino ou masculino.

As narrativas de origem popular, criadas coletivamente pelas classes oprimidas e exploradas, a partir de sua visão de mundo, ao se tornarem propriedade da literatura burguesa, mostraram-se eficientes na função de envolver emocionalmente as crianças e inebriá-las com os encantamentos mágicos. Estava criada a literatura infantil. E o grande responsável pelo fenômeno foi, sem dúvida, o poeta Charles Perrault, mas as mulheres da nobreza e da burguesia tiveram o seu papel nesse processo. Foram os salões das "preciosas" que garantiram o prestígio dos contos de fada na França do século XVII , fazendo-os adentrar as portas da Academia, que estavam fechadas para elas, mas não para as princesas, bruxas e fadas.

A segunda parte analisou os mistérios, ainda não completamente desvendados, que envolveram a publicação dos *Contos da Mamãe Gansa*. Em pleno reinado absolutista de Luís XIV, um poeta da Academia Francesa, que tinha sido um dos políticos mais influentes da corte, publica uma pequena coletânea de oito contos populares, escritos numa prosa simples e agradável e dedicados à sobrinha do rei. O livro não traz o nome do autor na capa, mas a dedicatória vem assinada por P. Darmancour, filho caçula do poeta Perrault. Até hoje se discute se os contos foram escritos pelo pai, pelo filho ou por ambos, numa produção a quatro mãos, sendo esta última a hipótese mais provável. A razão da polêmica e do interesse em torno da obra foi o grande sucesso que ela teve na época e continua tendo até hoje.

O estudo das condições sociais e culturais que concretizaram o aparecimento dessa pequena coletânea concluiu que o fenômeno digno de análise é, como diz Marc Soriano (1968), o encontro entre a cultura erudita e as tradições populares, que levou à criação da literatura infantil. Perrault, homem da alta burguesia francesa, político e poeta de prestígio, percebeu, três séculos antes de nós, que os contos de fada continham elementos que podiam ser explicados tanto pelo universo mítico como pelas manifestações psíquicas e sociais do ser humano, em sua necessidade de transmissão dos valores morais. O poeta se antecipou a antropólogos e psicólogos, freudianos e junguianos, sociólogos e críticos literários do nosso século, quando escreveu o prefácio dos *Contos em verso*, em 1695. Pode-se mesmo considerar esse prefácio uma "profecia" do grande sucesso que estaria assegurado à futura coletânea dos contos em prosa, que estava sendo elaborada e seria publicada dois anos depois. Os temas folclóricos desses contos, motivos recorrentes na tradição cultural de vários povos, eram a garantia do bom êxito do projeto artístico e moral que estava sendo cuidadosamente trabalhado.

Na parte final, para arrematar os estudos já desenvolvidos e concluídos, faltava analisar especificamente os *Contos da Mamãe Gansa* como obra literária produzida a partir do material folclórico recriado pelas mãos de um poeta da Academia Francesa. Para isso, fez-se o estudo da estrutura dos textos de Perrault, identificados como narrativas lineares, a forma tradicional de narração popular, escritas porém numa linguagem artística sutilmente elaborada. A característica mais marcante dessa elaboração artística está na descrição das personagens que, graças aos textos de Perrault, tornaram-se figuras inesquecíveis. As fadas, seres divinos, não foram delineadas em seus aspectos físicos, mas as princesas, seres humanos, mereceram requintes de descrição literária, para que pudessem ser os modelos do comportamento feminino preconizado pela ideologia burguesa. Agora em histórias escritas para crianças.

Finalmente, para marcar a relação dos contos de Perrault com a tradição das histórias infantis no Brasil, uma pesquisa de opinião comprovou a permanência entre nós dos contos escritos na França do século XVII. E o estudo das principais edições brasileiras dos contos franceses mostrou que a preocupação com "o pudor e a decência" ainda permeia grande parte das publicações desses contos em nosso país. São poucas as traduções fiéis aos textos de Perrault e muitas as adaptações anônimas e reduzidas, que só visam à divulgação dos preceitos morais, ou o lucro fácil. Mas o processo de recuperação dos textos originais já se iniciou, e com boa qualidade editorial.

O que resta dizer, para encerrar esta análise dos significados das funções femininas nos contos de Perrault? Cada uma das correntes teóricas que se preocupam com os contos de fada tem uma certa dose de razão em suas conclusões. Os contos têm componentes históricos, mitológicos, psíquicos e sociais. A falha da maioria dos teóricos é analisar os contos de fada privilegiando apenas um desses aspectos. Por essa razão, este trabalho se preocupou em rever os principais estudos sobre o assunto, concordando com aqueles que privilegiam o componente ideológico dos contos, ao concluir que os demais contribuem para que este se realize.

São muito comuns em nossos dias as entrevistas de psicólogos freudianos ou junguianos falando sobre a influência benéfica dos contos de fada na formação das crianças. É preciso, porém, não esquecer que, dentro desse belo "embrulho para presente", está uma formação ideológica burguesa e capitalista que mistura a proteção das fadas com a proteção divina, para dizer à criança que ela terá todos os seus problemas resolvidos da melhor maneira possível, se for "dócil, obediente e bem-comportada", ou seja, se não desenvolver nenhum raciocínio crítico e nenhum questionamento em relação às autoridades constituídas, sejam elas divinas ou humanas.

A conclusão final é que, nos contos populares que deram origem à literatura infantil, predominam três tipos de oposição semântica: humano *versus* divino, mulher *versus* homem e criança *versus* adulto. No primeiro caso, vence o poder divino no segundo, o poder masculino e no terceiro, o poder adulto. A mulher e a criança, objetos principais da ideologia familista burguesa, representam sempre os submissos, os fracos e oprimidos, recompensados no fim da história com uma "felicidade bem-comportada". A mulher divina pode ter poder, mas a mulher humana deve estar no mesmo nível da criança, ambas valorizadas como protagonistas das histórias, para serem plenamente cativadas.

A perenidade dos contos, que se deve à arte do poeta da burguesia francesa, garante a perenidade da ideologia. Mas a busca dos significados das funções femininas mostrou que elas contêm muitos elementos que, esquecidos ou propositalmente preteridos pela educação burguesa, poderão ainda ser recuperados. Tudo depende dos valores predominantes na sociedade.

Em cada momento da história da humanidade, determinados valores são privilegiados, para garantir o atendimento aos interesses da classe dominante. E os intrumentos de comunicação disponíveis são sempre usados como meio de divulgação da ideologia dos donos do poder. Entre esses instrumentos ideológicos, a literatura infantil, desde seu surgimento no fim do século XVII, teve papel de destaque no sistema educacional implantado pela burguesia. A chegada do próximo milênio talvez possa trazer alguma mudança nessa tradição, mas é preciso deixar bem claro que essa "mudança" não pode significar apenas o surgimento de contos de fada em CD-ROM ou nas páginas da Internet. O que acontecerá no futuro? Com certeza só as fadas sabem!

BIBLIOGRAFIA

OBRAS CITADAS

APULEIO, L. *O asno de ouro*. Trad. Ruth Guimarães. Rio de Janeiro: Tecnoprint s.d.

BETTELHEIM, B. *A psicanálise dos contos de fadas*. Trad. Arlene Caetano. Rio de Janeiro: Paz & Terra, 1980.

CAMPBELL, J. *O poder do mito*. Trad. Carlos Felipe Moisés. São Paulo: Palas Athena, 1990.

COLLINET, J. P. Préface et dossier. In: PERRAULT, C. *Contes*. Paris: Gallimard, 1981.

DARNTON, R. *O grande massacre de gatos e outros episódios da história cultural francesa*. Trad. Sônia Coutinho. Rio de Janeiro: Graal, 1986.

FROMM, E. *A linguagem esquecida*: uma introdução ao entendimento dos sonhos, contos de fada e mitos. Trad. Octávio Alves Velho. 8.ed. Rio de Janeiro: Zahar, 1983.

GRIMM, J. e W. *Os contos de Grimm*. Trad. Tatiana Belinky. São Paulo: Paulinas, 1989.

JOHNSON, R. A. *She: a chave do entendimento da psicologia feminina*. Trad. Maria Helena de Oliveira Tricca. São Paulo: Mercuryo, 1987.

JUNG, C. G. *O homem e seus símbolos*. Trad. Maria Lúcia Pinho. 9.ed. Rio de Janeiro: Nova Fronteira, s. d.

NEUMANN, E. *Amor e Psiquê*: uma interpretação psicológica do conto de Apuleio. Trad. Zilda Hutchinson Schild. São Paulo: Cultrix, 1990.

PERRAULT, C. *Contes*: textes établis et présentés par Marc Soriano. Paris: Flammarion, 1989.

PROPP, V. I. *Les racines historiques du conte merveilleux*. Traduit du russe para Lise Gruel-Apert. Paris: Gallimard, 1983.

_____. *Morfologia do conto maravilhoso*. Trad. Jasna Paravich Sarhan. Rio de Janeiro: Forense Universitária, 1984.

ROMERO, S. *Contos populares do Brasil*. Belo Horizonte: Itatiaia; São Paulo: Universidade de São Paulo, 1985.

SORIANO, M. *Les contes de Perrault*: culture savante et traditions populaires. Paris: Gallimard, 1968. Préface (p.70, 1977).

TODOROV, T. As categorias da narrativa literária. In: BARTHES, R. et al. *Análise estrutural da narrativa*. Trad. Maria Zélia Barbosa Pinto. 3.ed. Petrópolis: Vozes, 1973.

WILHEM, J. *Paris no tempo do Rei Sol*. Trad. Cássia R. da Silveira e Denise Moreno Pegorim. São Paulo: Companhia das Letras, 1988.

ZILBERMAN, R. *A literatura infantil na escola*. 2.ed. São Paulo: Global, 1982.

OBRAS CONSULTADAS

ABRAMOVICH, F. *Quem educa quem?* 6.ed. São Paulo: Summus, 1985.

ALEXEIEV, S. *Cuentos de la historia rusa*. Moscou: Raduga, 1985.

ADRIANI, M. *História das religiões*. Trad. João Gama. Rio de Janeiro: Edições 70, 1988.

ANDERSEN, H. C. *Contos de Andersen*. Trad. Guttorm Hanssen. Rio de Janeiro: Paz e Terra, 1981.

ARIÈS, P. *História social da criança e da família*. Trad. Dora Flaksman. 2.ed. Rio de Janeiro: Guanabara, 1986.

ARROYO, L. *Literatura infantil brasileira*. São Paulo: Melhoramentos, 1988.

AYMARD, A., AYBOYER, J. O Oriente e a Grécia Antiga. In: CROUZET, M. (Org.) *História geral das civilizações*. Trad. Pedro Moacyr Campos. 4.ed. São Paulo: Difel, 1965.

EM BUSCA DOS CONTOS PERDIDOS   151

BARTHES, R. et al. *Análise estrutural da narrativa*. Trad. Maria Zélia
Barbosa Pinto. 3.ed. Petrópolis: Vozes, 1973.

BÍBLIA SAGRADA. Tradução de Padre Antônio Pereira de Figueiredo. Rio
de Janeiro: Barsa, 1968.

BOCCACCIO, G. *O Decamerão*. Trad. Raul de Polillo. Rio de Janeiro:
Tecnoprint, s. d.

BOLEN, J. S. *As deusas e a mulher*. Trad. Maria Lydia Remédio. São
Paulo: Paulinas, 1990.

BONAZZI, M., ECO, U. *Mentiras que parecem verdades*. Trad. Giacomina
Faldini. São Paulo: Summus, 1980.

BORTOLUSSI, M. *Análisis teórico del cuento infantil*. Madrid: Allambra,
1985.

BULFINCH, T. *O livro de ouro da mitologia*. Trad. David Jardim Júnior.
Rio de Janeiro: Tecnoprint, 1965.

CADEMARTORI, L. *O que é literatura infantil?* São Paulo: Brasiliense,
1986. (Col. Primeiros Passos).

CASCUDO, L. da C. *Literatura oral no Brasil*. 2.ed. Rio de Janeiro: José
Olympio; Brasília: INL/MEC, 1978.

CASTEX, P. G., SURER, P. *Manuel des études littéraires françaises – XVII
siècle*. Paris: Hachette, 1947.

CHOUMSKATA, M., BABLOIAN, R. (Org.) *Contes des peuples de l'URSS*
(Ukraine, Biélorussie, Moldavie). Traduites par Catherine Emery.
Moscou: Radouga, 1987.

COELHO, N. N. *A literatura infantil*: história, teoria e análise (das origens
ao Brasil de hoje). São Paulo: Quíron; Brasília: INL/MEC, 1981.

_____. *O conto de fadas*. São Paulo: Ática, 1987.

CUNHA, M. A. A. *Literatura infantil*: teoria e prática. São Paulo: Ática,
1983.

DIECKMANN, H. *Contos de fadas vividos*. Trad. Elisabeth C. M. Jansen.
São Paulo: Paulinas, 1986.

ELIADE, M. *O sagrado e o profano*: a essência das religiões. Trad. Rogério
Fernandes. Lisboa: Livros do Brasil, s. d.

ELIZAGARAY, A. M. *Nos interesa todo*: antologia de materiales teóricos
sobre la literatura, la pedagogia y el arte soviéticos para niños y
jóvenes. La Habana: Gente Nueva, 1981.

_____. *Niños, autores y libros*. La Habana: Gente Nueva, 1981.

FRANZ, M. L. von. *A individuação nos contos de fada*. Trad. Eunice Katunda. São Paulo: Paulinas, 1984.

_____. *A sombra e o mal nos contos de fada*. Trad. Maria Cristina Penteado Kujawski. São Paulo: Paulinas, 1985.

HAMILTON, E. *A mitologia*. Trad. Maria Luísa Pinheiro. 3.ed. Lisboa: Dom Quixote, 1983.

HARDING, M. E. *Os mistérios da mulher antiga e contemporânea*: uma interpretação psicológica do princípio feminino, tal como é retratado nos mitos, na história e nos sonhos. Trad. Maria Elci S. Barbosa e Vilma Hissako Tanaka. São Paulo: Paulinas, 1985.

HELD, J. *O imaginário no poder*: as crianças e a literatura fantástica. Trad. Carlos Rizzi. São Paulo: Summus, 1980.

JAFFÉ, A. *O mito do significado na obra de C. G. Jung*. Trad. Daniel Camarinha da Silva e Dulce Helena Pimentel da Silva. São Paulo: Cultrix, 1989.

_____. *Ensaios sobre a psicologia de C. G. Jung*. Trad Margit Martincic. São Paulo: Cultrix, 1988.

JOLLES, A. *Formas simples*. Trad. Álvaro Cabral. São Paulo: Cultrix, 1976.

KHAWAN, R. R. *As mil e uma noites*. Trad. Rolando Roque da Silva. 4.ed. São Paulo: Brasiliense, 1991.

LA FONTAINE, J. de. *Fables*. Paris: Garnier-Flammarion, 1966.

LAJOLO, M., ZILBERMAN, R. *Literatura infantil brasileira*: história & histórias. 2.ed. São Paulo: Ática, 1985.

MOLIÈRE. *L'école des femmes*. Paris: Larousse, 1990.

_____. *Les précieuses ridicules*. Paris: Bordas, 1984.

_____. *Les femmes savantes*. Paris: Larousse, s. d.

MOUSNIER, R. Os séculos XVI e XVII. In: CROUZET, M. (Org.) *História geral das civilizações*. Trad. Pedro Moacyr Campos. 2.ed. São Paulo: Difel, 1960.

MOUTINHO, J. V. (Org.) *Contos populares russos*. São Paulo: Princípio, s. d.

NOSELLA, M. L. C. D. *As belas mentiras*: a ideologia subjacente aos textos didáticos. 2.ed. São Paulo: Moraes, 1980.

PADILHA, V. *Histórias do arco da velha*. Rio de Janeiro: Quaresma, 1959.

PAZ, N. *Mitos e ritos de iniciação nos contos de fadas*. Trad. Maria Stela Gonçalves. São Paulo: Cultrix/Pensamento, 1989.

PERRAULT, C. *Contos de Perrault*. Trad. Regina Régis Junqueira. 2.ed. Belo Horizonte: Itatiaia, 1989.

_____. *O Chapeuzinho Vermelho*. Trad. Francisco Balthar Peixoto. Porto Alegre: Kuarup, 1987.

_____. *O Barba Azul*. Trad. Tatiana Belinky. Porto Alegre: Kuarup, 1987.

_____. *Pequeno Polegar*. Trad. Tatiana Belinky. Porto Alegre: Kuarup, 1987.

_____. *As fadas*. Trad. Tatiana Belinky. Porto Alegre: Kuarup, 1981.

_____. *Riquê do Topete*. Trad. Francisco Balthar Peixoto. Porto Alegre: Kuarup, 1991

_____. *Contes de Perrault*. Paris: L'École des Loisirs, 1978.

_____. *Contos de Perrault*. Trad. e adaptação Maria José Alves de Lima. São Paulo: Melhoramentos, 1970.

_____. *Contos de fadas*. Trad. Monteiro Lobato. São Paulo: Brasiliense, 1960.

PIMENTEL, F. *Contos da carochinha*. 18.ed. Rio de Janeiro: Quaresma, 1923.

ROBERT, M. *Roman des origines et origines du roman*. Paris: Gallimard, 1972.

SORIANO, M. *Guide de littérature pour la jeunesse*. Paris: Flammarion, 1975.

ZILBERMAN, R. (Org.) *A produção cultural para a criança*. Porto Alegre: Mercado Aberto, 1982.

ZILBERMAN, R., MAGALHÃES, L. C. *Literatura infantil*: autoritarismo e emancipação. São Paulo: Ática, 1984.

SOBRE O LIVRO

Coleção: Prismas
Formato: 14 x 21 cm
Mancha: 23 x 43 paicas
Tipologia: Classic Garamond 10/13
Papel: Off set 75 g/m² (miolo)
Cartão Supremo 250 g/m² (capa)
1ª reimpressão: 2004
2ª reimpressão: 2009
3ª reimpressão: 2009
4ª reimpressão: 2011

EQUIPE DE REALIZAÇÃO

Produção Gráfica
Edson Francisco dos Santos (Assistente)

Edição de Texto
Fábio Gonçalves (Assistente Editorial)
Nelson Luís Barbosa (Preparação de Original)
Tereza Maria Lourenço Pereira e
Rodrigo Villela (Revisão)
Kalima Editores (Atualização ortográfica)

Editoração Eletrônica
Lourdes Guacira da Silva Simonelli (Supervisão)
Duclera Gerolla (Diagramação)

Impressão e acabamento